幼儿园
环境创设

主　编　　郭晚盛　郭海燕

副主编　　李东利　冀换兰　魏素琴　王　玉　高庆英

编　者　　韩苏玲　安效君　史建荣　赵静卉　窦淑霞　冯卫娟　吴玮洁　王　蓉

复旦大學出版社

前言 /1

第一章

幼儿园公共环境设计 /2

第二章

幼儿园班级特色环境创设 /44

3

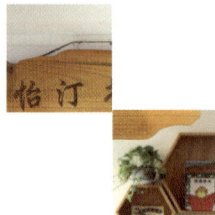

一、幼儿园环境创设的意义和价值

有大量研究证明：吸收性心智是幼儿独有的一种特殊的学习方式，是幼儿通过自己的方式与周围环境进行互动，主动探索社会环境、自然环境和物质世界的过程。此时的幼儿会像海绵一样，从环境中吸取信息，而这一学习和贮存大量知识的过程不需要花费大量精力，是在潜意识层面进行的，这种学习方式会持续到 7 岁。同时《3—6 岁儿童学习与发展指南》（以下简称《指南》）对创设环境提出了这样的要求：要创设丰富的教育环境，最大限度地支持和满足幼儿通过直接感知、实际操作和亲身体验获取经验的需要。可见环境对幼儿的发展是极其重要的，幼儿与环境相处的方式能直接影响他们成长的质量。

我们秉承素质教育理念，紧紧围绕《指南》精神，实施环境育人的教育方式，打造与课程相和谐的教育环境，真正以环境育人为导向，以师幼互动为宗旨，大家共同创设环境。在幼儿园的活动室、睡眠室、盥洗室、墙饰、地面、区域、教具、走廊及门厅院落等，时时处处都彰显着教育理念，上上下下都体现着教育内容，里里外外都融入了教育行为，角角落落都留存着互动痕迹，诠释了康乐的教育和文化、课程和创意，展现了幼儿在班级、在园所、在家庭、在社会的所思和所想、所说和所做，真正实现了环境对话。在区域游戏中，自主快乐的区域形式充分尊重了幼儿身心发展特点，满足了他们的活动需要，再现了他们对生活的体验与感悟，激发了他们的好奇心，更好地促进了幼儿身心健康的成长。在材料操作中，教师力求突出科学性、层次性、实用性、安全性、多元性的特点。教具的选择与幼儿的发展水平密切结合，突出年龄特征和认知发展水平，为幼儿提供高结构、低结构、非结构等不同类型材料。教师要对教具进行筛选后才能采买，并对采买的教具进行加工设计，然后把它们与自制材料投放到区域中，真正实现一物多玩的功能，促成幼儿和游戏材料的深度互动。

环境与幼儿始终共存，幼儿依赖环境，同时作用于环境。"环境就是我们的第三位老师"，经过良好设计的环境可以起到暗示的作用，可以诱发幼儿的积极行为，可以促进幼儿的思维发展，可以提升幼儿的合作能力，可以促进幼儿的学习成长，因为环境是潜移默化、不断重复的，所以往往比教师的言传身教更有效。

二、幼儿园环境创设的管理与实施

幼儿园的环境作为一种"隐性课程"，它的创意与实施是对园方管理提出的挑战，是对教师能力提出的挑战，是对幼儿发展提出的挑战。高品质的环境能有效落实课程，能激发教师潜能，能促进幼儿发展，真正为幼儿探索发现、操作表达、思维发展、建构知识、社会交往、萌发积极情感起到重要的作用。

山西省康乐幼儿园在环境创设方面管理先行，全园上下同心协力，将园所打造成精致和谐、绿色生态、班班特色的品牌文化园。其中"班班特色"的设计初衷是为我园创新的特色区域互访实践活动提供有力保障。首先，特色区域互访实践活动很好地解决了我园的实际问题：班级里幼儿人数多、优质教师资源不均衡、办园经费有限、可共享的多功能活动室有限等。其次，它切合了时代发展的需要。21世纪是知识经济时代，强调沟通与合作，学会学习、学会交往、情商培养已经成为21世纪公民的必备素质。最后，它激发教师挑战教育智慧，为适应互访，教师要思考如何消除来访幼儿的陌生感、如何激发幼儿参与活动的兴趣、如何创设环境材料、制定调整教育计划等等。

山西省康乐幼儿园在环境创设方面实施有效，全园上下齐心合力，将园所打造成务实创新、开放合作、独具特色的品牌班集体。从以下九个方面为环境创设的有效实施提供了有力保障：一是务必统筹协调。首先，在园所环境方面，每学期末，分管园领导率领擅长美术创意的教师团队，依绿色生态、阳刚互动的设计思路，创意更新园所环境。其次，在班级环境方面，为推进互访，避免各班级环境创设方案的雷同，暑期初，各班班长要负责提交一份翔实的环境设计方案和效果图，分管园领导对班级方案一对一地提出调整和改进建议，审核通过后开始落实。二是保证经费自主。班级教师装修及环境预算方案通过后，经费由园方划拨，使用完全自主，教师可以像装修自己家一样设计装修自己的班级。三是必须色调和谐。感受美，是《指南》中艺术总目标的第一点，人只有感受到美才能表现出美，创造出更多的美。为避免环境创设缺少整体性、色彩繁杂影响幼儿专注力的培养，幼儿园要求各班色彩要鲜明协调、有主色调，要按照对称、均衡、和谐、变化与统一等规律创设。四是彰显课程特色。每班主墙面要充分展现课程特色，如蒙氏、感觉统合、音乐、美术、书香等特色，印入眼帘的是浓郁的班级课程特色与主题风格；辅墙面要充分体现幼儿园园本课程——安全和养习课程。墙面布置要合理美观，且有教师、家长、幼儿三方的积极参与和充分互动。五是呈现环境对话。

每一块墙壁都是一位"不说话的老师"，起到积极的教育和互动作用。幼儿是环境的主人，他们全程参与、深度互动，环境展示了幼儿的所见所闻、所思所想、参与理解表达的全过程。处处都有幼儿参与的痕迹。六是突显区域特色。必须合理利用班级四分之一以上的空间，创设以幼儿经验为基础，适宜本班幼儿年龄与兴趣爱好，主题鲜明、材料丰富，可满足8～10位幼儿同时活动使用的区域环境。七是促进深度互动。每一件教具都是教师购买、自制或购买后加工设计的，均具有一物多玩的功能，利于幼儿动手操作、积极探索，易于发挥幼儿的想象力与创造力，变化出更多玩法。八是推动分享交流。每位教师的业务水平、兴趣能力不同，有可能出现各个班级环境创设课程发展不均衡的情况，每月教研活动的分享交流、深入研讨就非常有必要。九是确保全面评价。每学期我们将组织教师与同行、管理人员和家长，进行环境评比，全面促进环境课程的发展与完善。

山西省康乐幼儿园秉承素质教育理念，紧紧围绕《指南》精神，实施环境育人的教育方式，打造特色环境课程，创新班级特色区域互访实践，为幼儿游戏活动的深入开展提供了优质条件，期间幼儿的思维获得了发展，学习能力、表达沟通、合作交往及解决问题的能力得到提升，同时激发了教师的创作灵感。教育灵感相互碰撞，有效发挥了环境育人的作用，使师幼在一日活动的各个环节中都能得到有效支持，并收获满满。

快乐成长快

康乐幼儿园

第一章
幼儿园公共环境设计

幼儿园楼体建筑、园名设计及展示、院落、大厅、楼道及家园联系栏等这些内外公共环境，犹如幼儿园的名片，代表了一个幼儿园的形象与气质，体现着园所文化、品牌内涵、教育理念、管理理念、审美风格，蕴含着幼儿园文化底蕴及文化品位。它向外界全面传递、展示着园所的形象，吸引着幼儿与家长的目光。它亦能营造出一种氛围，影响幼儿的心境，触动幼儿的灵魂，让家长产生共鸣。

我们分析孩子的年龄特征、发展水平及对色彩的感受特点，以幼儿发展为本，在色彩运用、造型设计、空间规划等方面整体规划定位，设计出有美感、有内涵、个性化的幼儿园公共环境建筑造型、童趣的建筑空间，满足幼儿生理、心理等多方面发展需求，使幼儿在丰富、优美、有创意的环境中成长。

因此，园所公共环境创设非常重要，是园所环创的第一步。需统一规划布局、定位风格，发挥其教育功能、展示功能、宣传功能。

楼体设计要体现三个元素：一是楼体形象有趣，体现"新、趣、美"的幼教职业特征；二是楼体色彩蕴含园所内涵；三是处理好建筑内涵与形态之间的关系。

一、楼体建筑设计

个性化的幼儿园整体外部造型和人性化的楼体建筑空间布局，不仅在形象上脱颖而出，让人眼前一亮，更促进幼儿全面发展，满足儿童学习成长。

→ 图 1-1-1

康乐幼儿园整体建筑设计造型饱满流畅，以绿和白两种色彩为主，传达室以"芽"为形象，上面只只白鸽自由飞翔，屋顶是长城造型，外墙是绿色的，象征着幼苗成才。二者整体相融，具有鲜明的时代气息和职业特征，活力、生机、蕴含爱心和永恒，寓意园所无限美好与辉煌。

→ 图 1-1-2

康乐园一号楼与二号楼呈 x 形，使园所更具防震安全稳固性。门厅以卢梭名画做浮雕装饰，既好看又好玩，幼儿仿佛置身森林童话中。有趣的门厅设计使整个楼体更为生动。园所保教理念赫然呈现，是幼儿全面发展教育目标的一扇窗口。

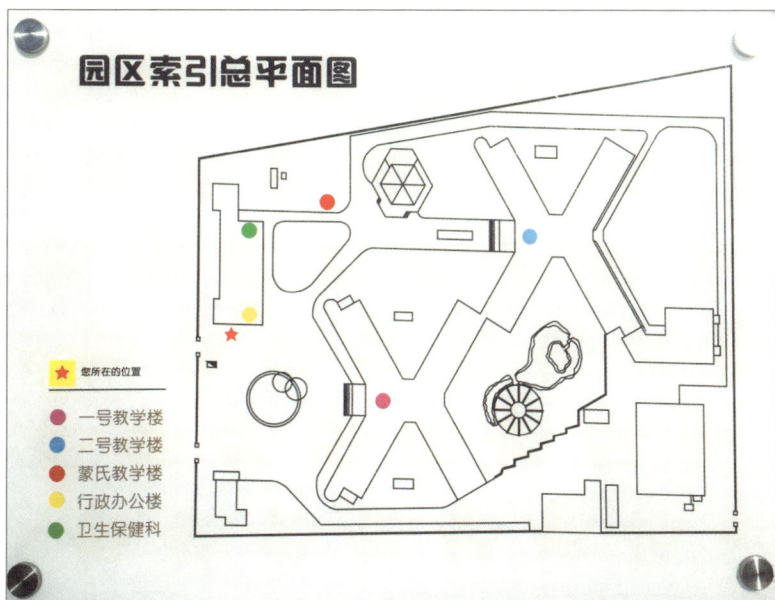

园区索引总平面图

您所在的位置
● 一号教学楼
● 二号教学楼
● 蒙氏教学楼
● 行政办公楼
● 卫生保健科

巧妙连接于一体的呈 X 形的一号楼和二号楼平面图。

这是一号楼门厅设计浮雕装饰。采用了画家卢梭的作品，青翠葱郁的热带常绿植物和动物，有着具体可感的梦一般的特质。画面稚拙天真、色彩鲜明，这种典型的"原始主义"风格与园所蕴含的自然、生态、健康理念融为一体。

→ 图 1-1-5

二号楼城堡式门厅设计，带幼儿进入神秘王国。

↑ 图 1-1-6

康乐分园楼体教育理念赫然呈现在墙体，棵棵幼苗在咖啡色的土壤中生根发芽，楼顶设计有"双手托起地球"，寓意幼苗走向世界。

↑ 图 1-1-7
园所整体建筑犹如积木组合，充满现代感又十分有趣。

→ 图 1-1-8
康乐"养习、启智、育康、播乐"的教育理念赫然呈现门上方的外墙上。

↑ 图 1-1-9

城堡式楼体建筑，使幼儿仿佛置身
童话世界中，充满神秘色彩，极具
吸引力。

二、园名设计及展示

园名设计与展示作为认识幼儿园的一个窗口，是幼儿园形象的直观体现，折射出幼儿园的文化内涵，成为园所象征。因此，有创意、有吸引力的园名设计与展示设计可为园所增添风采和魅力。

以单纯、显著、易于识别的图形文字为直观语言，展示幼儿园园名；设计不同的背景墙，将园名、园徽赫然呈现在上面。材质可以是五彩石、镜面玻璃、亚克力等。整体材质、字体、风格、色彩要与主楼呼应，展示各园所不同的设计风格与内涵。

← 图 1-1-10
园名设计案例一。

← 图 1-1-11
园名设计案例二。

← 图 1-1-12
园名设计案例三。

　　《指南》中指出，要以游戏为基本活动，重视幼儿的兴趣与需要，要求"保证幼儿每天有适当的自主选择和自由活动时间"。因此，科学规划户外游戏场地，创设生态、开放、互动、多功能的院落环境，优化户外游戏活动，为幼儿健康成长服务，发挥应有价值，让幼儿自发运动，自主游戏，积极探索，不断体验，尽情享受户外游戏的乐趣。

院落设计的原则

✓　户外活动占地 2 平方米／生，软地面积占 50%，30 米长直跑道，适宜的植被与养殖。

✓　绿化、美化、儿童化、教育化、游戏化。

多样性的户外场地是开展游戏的重要资源，既要充满童趣，又要保证安全，满足幼儿钻、爬、跑、跳等各种游戏活动的需要。

✓　注重个体差异，适合幼儿发展水平。

小班幼儿的肢体动作发育不完善，应设计半开放的软游戏区，铺设软垫；大班幼儿可以在各种挑战性的活动中，发展肢体动作，享受户外活动的"野趣"。

✓　巧妙利用自然元素和空间。

每个幼儿园户外空间各异、面积大小不一，应对本园运动区域设置统一布局，因地制宜充分挖掘现有空间与材料，巧妙利用。比如低洼的地方可以设计成小河、沟渠，并架设上晃悠悠的桥索；户外空间太小，可以立体利用空间，立体绿化，或者在墙壁设计横向攀岩；依边墙定制综合大中型玩具；在高大的树木间设计秋千、跷跷板等；沙池与戏水池巧妙组合……

✓　各区域具有明显的区隔标志和确定的活动范围，相互保持一定距离，使区域分布明显。既便于幼儿选择区域，也便于换区活动时进行适当的身体调整。

院落包含元素：绿化、沙水、运动器械区、集体运动区、种植养殖区、特色活动区、功能墙。

一、绿化

绿化是幼儿园环创不可缺少的部分，是幼儿园户外环境规划的基本要求。在美化环境的同时，对幼儿身体可以起保护作用；在净化心灵的同时，让视觉也获得别样的享受，提高幼儿的修养与品位。

主要作用

✓ **美化环境**　植物的树姿、叶形、花色之美，让孩子在自然环境中得到美的熏陶，观察、探究，习得知识，丰富经验。

✓ **净化环境**　绿化可以改善空气质量，增加空气湿度，优化环境卫生。

✓ **组织空间**　户外游戏场地功能分区，以绿化形态（如绿篱、花池等）进行分隔，减少相互干扰，保证安全。

● 位置安排一般采用以下几种方式：

↑ 图 1-2-1
园所的边界采用乔灌木搭配种植，使幼儿园与外界有良好的隔离带。

11

↑ 图 1-2-2

建筑物边角处建花池，种植各色花卉，便于观赏，美化环境；依托院墙或道路边缘，以灌木作为绿篱或绿化带。

← 图 1-2-3

在室外游戏场地的边界或建筑物的东西两端，可栽植较高大的乔木，起到围护与遮挡西晒的目的。

以完整的地块做成草坪，供幼儿玩耍，同时作为景观。

● 幼儿园的环境绿化，要因地制宜，不但要符合教育功能的需求，还要美化环境。

✓ 要整体规划设计，形成高低错落的景观，花草树木一应俱全，色彩和谐。保证绿化覆盖率20% 以上，绿化面积不小于生均 4 平方米。

↓ 图 1-2-5

13

✓ 根据面积大小安排树种、花草的多少，以花草为主，乔灌木为辅，室外场地的不同部位结合场地功能、日照、土质等进行恰当的植物配置。

↑ 图 1-2-6
以绿色为主调，蕴含着幼儿生命的力量与幼儿是祖国的未来之意；楼体绿白相间，各种植被高低错落、郁郁葱葱，环绕整个园所，寓意着康乐园健康、快乐每一天！

✓ 体现四季绿化效果　园内种植体现四季的植被，做到春有花、夏有荫、秋有果、冬有青。

→ 图 1-2-7　春花

↑ 图 1-2-8　夏荫

↑ 图 1-2-9　秋果

↑ 图 1-2-10　冬青

↑ 图 1-2-11　冬雪

✓　发挥教育功能。

一是绿植挂标牌便于幼儿认识植物。

→ 图 1-2-12
绿植挂上标牌。

二是要有幼儿种植区。

幼儿自己动手种植，主动探究植物生长的秘密，体验大自然的奥秘，增添对自然环境的探索兴趣，陶冶性情；长期观察、亲自管理、动手操作，培养幼儿的责任意识、意志力及合作意识。

实施：（1）合理安排划分各班场地，可以专门开辟一块地方，集中种植，也可以各班场地分布园所各个角落；可以用轮胎、木箱等直接划分土地。（2）各班设计本班标签。（3）合理分工，可分小组轮流负责。（4）观察记录。（5）分享快乐。

→ 图 1-2-13
幼儿园种植区。

↑ 图 1-2-14
各班种植区。

← 图 1-2-15
木箱种植。

二、沙水

　　沙池、水池是一个园所必备的幼儿玩耍场所。具有流动性和可塑性的沙和水，属于低结构的自然材料，它们带给孩子无限想象空间。幼儿在沙水游戏中，动手、探究、创造，享受着大地之美，感受自然力量，获得成就感和愉悦感；在建构感知中探索，积累对自然物质、工具的探索意识，合作完成任务，促进各领域均衡发展。

设计原则

✓　沙池深度不超过 0.3 ~ 0.5 米，使用安全细软的天然黄沙，定期消毒。设计圆形、多边形等各种形状，面积要求每位儿童 1 平方米。

✓　戏水池深度不超过 0.3 米，定期更换。戏水池面积不宜超过 50 平方米。

✓　创设安全的环境。位置尽可能在向阳背风处。游戏前，孩子们共同制定游戏规则。

✓　创设趣味、可探索的环境。可以把小型滑滑梯、秋千、木房子等搬到沙池，幼儿的探究兴趣会更高。

✓　工具材料有序投放策略。根据材料类别和功能进行设计开发、组合投放实现游戏娱乐功能和认知功能。

↓ 图 1-2-16
依托楼体角落设计的心型沙池充满趣味。

↑ 图 1-2-17
在树荫下设计水池和水车，便于幼儿玩耍。

← 图 1-2-18
院子内设立不同造型的水系，供幼儿观赏或戏水。

三、器械运动区

大中型器械集中区，应避开人流较多的地段，固定在软质地面上，器械间保持足够的安全距离。可按功能划分区域，一是发展粗大动作，二是提高综合运动能力，三是促进运动中的思维发展。

*固定运动器械区——固定设置的大型运动器械区，可供幼儿钻爬、攀登、悬吊等，发展粗大动作。

*可移动运动器械区——幼儿可移动性运动材料进行游戏的场所。一类是发挥特定功能的器材，如竹梯、高跷、袋鼠跳等；另一类是能做各种组合变化的非结构材料，具有灵活使用的多功能性，其丰富的运动项目对锻炼幼儿综合运动能力以及运动思维的意义很大，如轮胎、碳化积木、箱子、绳、球、圈等用来滚动、推拉、抛接的器械。

设计原则：攀登架、滑梯这样的大型组合玩具和秋千、跷跷板、转椅这样的中型玩具，如果户外空间较大，可以放置在任一空间，相互之间要有距离，并在幼儿出口着地处铺设软垫；如果户外空间不足，可以考虑把几种功能的玩具集于一体，并和沙池组合在一起，节省空间和成本，如大树下的秋千架。

← 图 1-2-19
固定的大型运动区。

← 图 1-2-20
幼儿园院落要提供足够的大、中型玩具空间供幼儿攀爬、悬吊等。

20

四、集体运动区

一块较宽敞平坦的空间，可以集体游戏、做操，开展各种各样的游戏活动，尤其是小型自制玩具的游戏，如独轮自行车、走莲花桩玩球等，利用率很高。可以全部软化，铺设塑胶地面或人造草坪，也可以有部分自然草坪，保留土质地面。

操场直线跑道长为 30 米，前后两端最少分别有 2.50 米的缓冲余地，总长则为 35 米。每条跑道宽 1 米，需四条跑道。两侧附加 1 米保护带，共 6 米宽。

五、种植养殖区

开辟种植区和养殖区，并设有班级标牌，由幼儿自己管理，利用盆盆罐罐进行种植、养殖活动，是探索游戏，也能培养幼儿的观察力、责任心。小动物房舍选址向阳背风，有利于幼儿经常观察照顾。

六、功能墙

借用墙面设立攀岩墙、投掷区、涂鸦区、动手探究区，不单独占用空间，节约成本。为幼儿设计一面自由墙，可以将各种功能排列分区，如用水彩笔、粉笔、毛笔或大刷子等工具和材料的涂画区；让幼儿挑战、尝试，获得科学经验的科学探究区；可以投篮、掷飞镖等的运动区；可以敲击瓶子、盆等废旧材料的音乐区。

安排时要注意动静合理排列，如运动的闹区与思考的静区分隔开。

↑ 图 1-2-22
攀岩墙以米罗可儿画为形象，既可作为名画欣赏又能发挥墙体运动功能。

↑ 图 1-2-23
可以用水彩笔、粉笔等进行涂鸦的墙面。

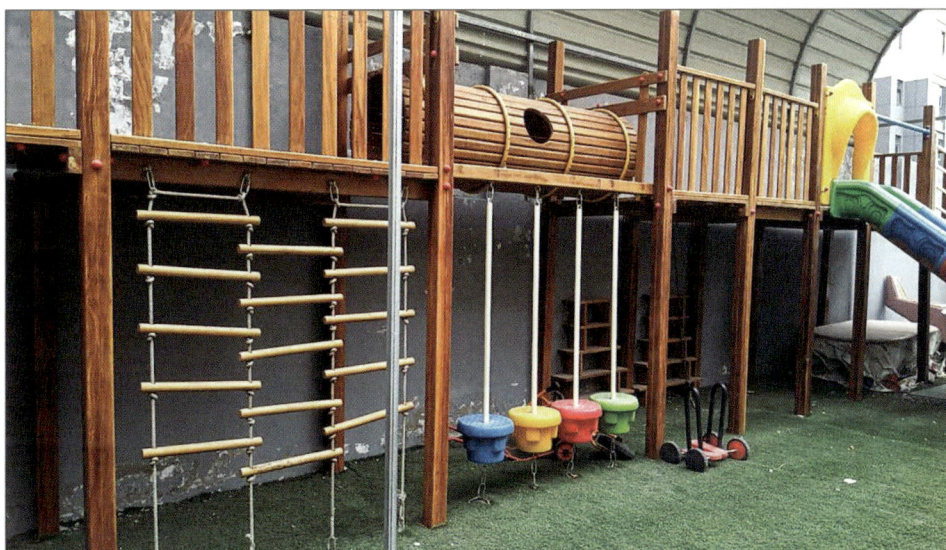 

↑ 图 1-2-24
倚着墙设置大型攀爬玩具供幼儿攀爬。

↑ 图 1-2-25
轮胎攀岩墙。

↑ 图 1-2-26
倚着墙设置探究动手玩具。

七、特色活动区

　　特色活动区是一个综合性活动区域，既要有奇思妙想的设计，又要富有野趣。其趣味应体现在场地特征的多样性上，在这里可以尽情运动、探究，开启智能、培育健康、播洒快乐。山坡（山洞）、小树林、帐篷、沟渠等，利用周边环境与运动区域有机结合。建筑土堆给幼儿带来的乐趣比滑梯更多。在小山坡设置走跑区、跳跃区、钻爬区，在小树林设置平衡区、综合活动区等，让幼儿体验各种场所对身体控制能力的不同要求，获得多种运动经验。安排时要注意挑战性与安全性的统一。

← 图 1-2-27
在草坡上设置梯子、轮胎等锻炼幼儿攀爬能力。

← 图 1-2-28
土坡上设置滑梯、台阶、洞穴，更加有趣。

利用楼间角落巧妙创设沙水区，让幼儿戏水玩沙，体验水轮车，极具探索的价值。

↑ 图 1-2-30
利用楼间角落巧妙创设亲近自然的户外生态运动区。幼儿在这里攀爬、钻洞、戏水、玩沙，极具智慧与乐趣。

↑ 图 1-2-31
幼儿喜爱的传声筒。

← 图 1-2-32
城堡造型设计让孩子户外游戏充满野趣。

3. 户外游戏小屋

设计童话式小城堡或小木屋一类充满神秘感的设施。利用农作物的秸秆或草席、稻草之类自然材料设计自然风貌的小屋，利用帐篷为幼儿设计几个悄悄话小屋，充满趣味，并增加幼儿社会性交往的机会。

← 图 1-2-33
固定的小木房。

↓ 图 1-2-34
可移动的帐篷。

4. 长廊

长廊可以连接户外多个游戏区，可以在夏季变成绿荫长廊供幼儿嬉戏，可以设计爬索、吊挂发挥运动功能，也可以设计成休闲活动区等。

↑ 图 1-2-35
根据需要可设计为画廊、花廊、果廊等，发挥欣赏功能，也可发挥运动功能。

大厅设计是一个园所的形象和品位工程，体现园所整体的设计风格及装修档次。酒店式的大厅是许多现代化幼儿园的基本特色，是幼儿园服务接待意识的体现。设计一个大厅，面积尽可能大，一般建议至少占一楼面积的三分之一，高度在3米以上。接待大厅里面完成宣传、公示、咨询、休息、报名、参观等功能整合，体现高品质服务。温馨、现代化的大厅，色调明快，给人们留下良好的第一印象。

一、园所文化呈现

大厅中会展现园所的办园理念、教育理念，设计时要简于形、精于心，还要经典大气，并设立专门展现园所文化特色的区域，使人们第一时间感受到幼儿园的办园理念。

↑ 图 1-3-1

康乐分园大厅以绿色为主色调，以咖啡色为衬托，代表着绿色生命在土壤的滋养下呈现勃勃生机；以白桦林为形象，寓意着每棵幼苗最后都能成长为大树。蕴含着本园的办园理念：一苗一世界，让每位幼儿富有个性地发展！

← 图 1-3-2

"井"字形建筑空间的大厅，视野宽阔，充满现代感、艺术感，让人耳目一新。无论家长还是幼儿在这里都能受到美的熏陶。

二、接待前台

前台备有园所介绍、宣传资料册等，为来访家长提供咨询及服务。

← 图 1-3-3

宽敞明亮的大厅，室内滑梯设计使空间具有层次感，充满童趣。室内吧台小滑梯增加亲子之间的亲密感。坚果标志卡通形象深受幼儿喜爱，使幼儿愉快地开始在幼儿园一天的生活学习。

← 图 1-3-4

大厅左侧吧台备有园所介绍、宣传资料册等，为来访家长提供咨询及服务。

↑ 图 1-3-5

大厅右侧展示园所课程体系，图文并茂地详细介绍各种课程，让家长对园所课程一目了然。

↑ 图 1-3-6

幼儿园课程体系展示。

三、课程特色活动区

　　设计一个趣味活动区，和园所的课程特色结合起来，健康美丽的大厅环境就像一个立体、多彩、有吸引力的教科书，有助于培养幼儿情感，美化幼儿心灵，激发幼儿智慧。

← 图 1-3-7

大厅一角浓郁的园林风格，文化石、绿植墙、竹林，都充满江南气息，与整体民族风交相辉映，营造书香氛围的同时，设置沙池供幼儿玩耍，体现园所生态课程的理念。

↓ 图 1-3-8

亲子读吧，体现园所"书香阅读课程"特色。

四、家长休憩区

家长在等待幼儿的时候，可以在此阅读、交流或休憩。

→ 图 1-3-9
家长休憩区。

五、亲子互动区

家长和幼儿在此共同涂鸦创意、亲子阅读，享受亲子乐趣。

← 图 1-3-10
以大树造型为主体的公共休息区，给幼儿和家长一个自由轻松的空间，家长和幼儿可以共同在涂鸦墙创作，相互欣赏，享受无尽的乐趣。

　　楼道设计包含楼梯、走廊、隔断三部分，设计时要树立以幼儿为中心的原则，充分考虑孩子的生理特点和心理感受，发挥艺术引领及教育功能，并且要定期更新。楼道设计需体现以下几个元素：（1）童趣。如穿过有趣的造型门，进入走廊。（2）文化熏陶。中国风弘扬民族传统文化，立足本土；欧式风展现西方文化，放眼世界。（3）艺术欣赏。从幼儿的需要出发，艺术作品应放置在幼儿目力可及之处，使幼儿能感受美、欣赏美。（4）教育功能。利用墙面、地面进行习惯养成、生活秩序、安全及品格教育等。

← 图 1-4-1
幼儿钻过大厅美丽的拱形门，进入走廊走上楼梯，温馨又有趣。

← 图 1-4-2
楼梯墙饰是教师和幼儿们的创意作品，充分体现师幼互动。涂鸦，让楼梯的墙面绽放童趣之美！

← 图 1-4-3
走廊侧面的墙上，张贴"温馨提示"，帮助幼儿养成良好的行走习惯。

← 图 1-4-4
走廊的地面上画有 3D 海洋图，给幼儿营造一个奇幻的世界。

↑ 图 1-4-5
走廊地面的石块小路像迷宫，充满童趣。

↑ 图 1-4-6
走廊地面的跳格，让幼儿可以玩耍。

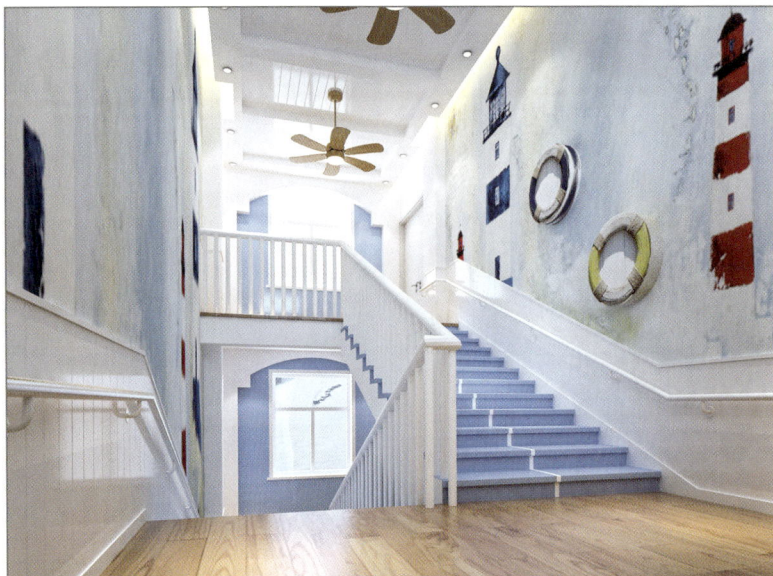

← 图 1-4-7
走廊装饰采用地中海风格，以蓝色为主调，色彩清新恬静，让孩子放眼世界，了解不同国家的文化。

↓图 1-4-8
水墨画、文化石、窗棂文化等相呼应，整个走廊突出中国风，弘扬中华民族传统文化，激发幼儿爱国情感。

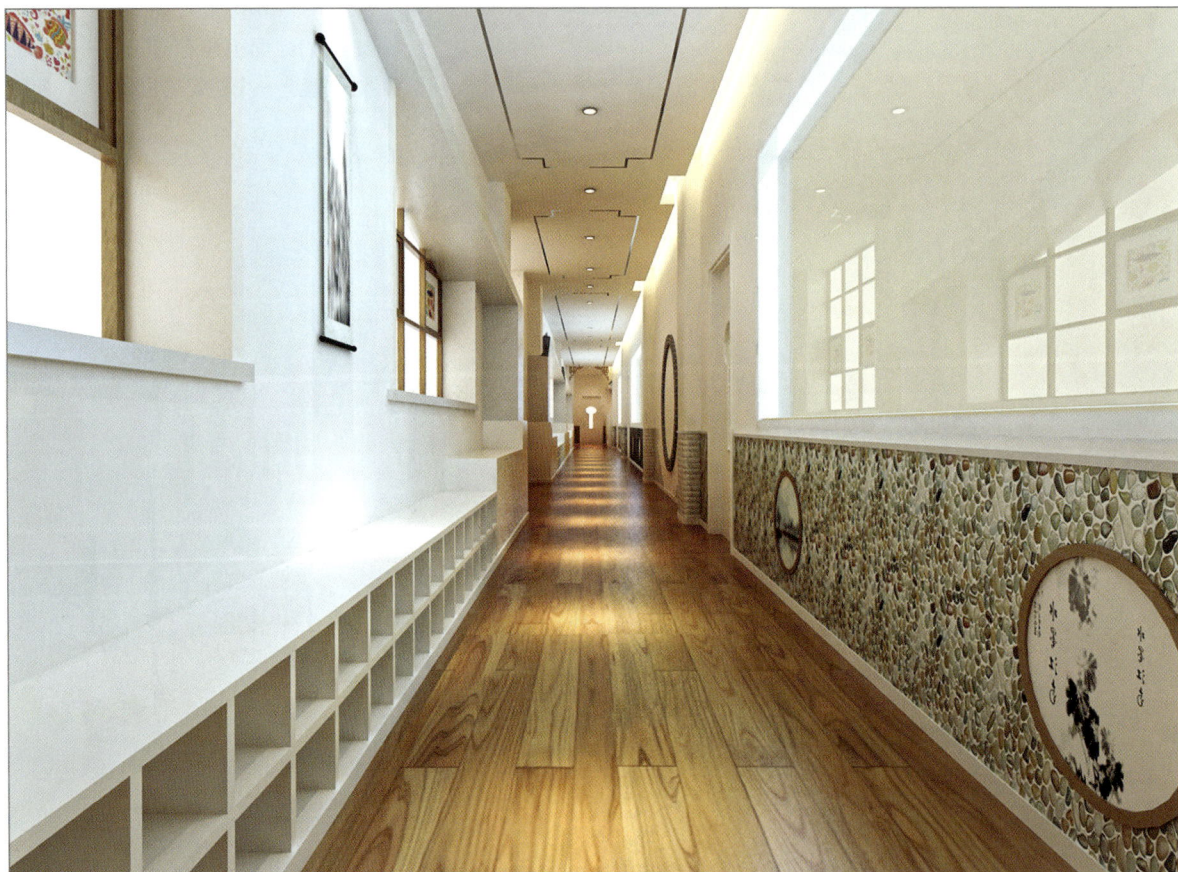

中式隔断与前面的中国风相呼应。

↑ 图 1-4-10
走廊墙面，展示园史、文化理念。

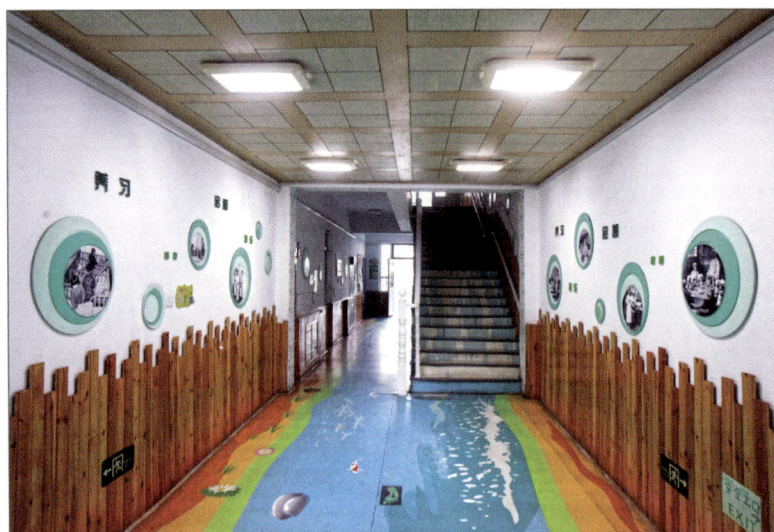

← 图 1-4-11
楼道两侧的墙面上以图文方式呈现康乐的教育理念。

← 图 1-4-12
走廊末端，在楼梯转角展现方寸之美。

→ 图 1-4-13
在楼梯尽头的大门进行艺术设计，显得立体、现代。

　　家园联系栏，是家园合作的一个重要窗口，家长通过这方园地，既了解了园所工作、幼儿一日生活，也能得到专业的育儿指导，是一次"不见面"的沟通，却有"面对面"沟通的收获。在这里，展现了园所的严谨与专业，更是教师智慧与情怀的表达。

　　我们的家园联系栏一般置于可直接看到的楼道窗口处，方便阅览；以长方形为主，也可采用其他形状，视感符合本楼道和本班格调。具体内容幼儿园有统一要求，每班的家园联系栏中须包括：班级承诺、教学周计划、幼儿信息反馈、消毒记录、家园共育等内容。但又应各有特色，相同的内容可以取不同的名称，而且根据各班课程特色和本班整体环创取色、取形、取意……

　　下面的照片分别展示了总园及分园有代表性的家园联系栏，有版块组合的、简约大方的、卡通童趣的、晋韵民风的，各具风格。

← 图 1-5-1

运用自然主题美化墙面，绘画手法与黏贴手法相结合，置内容于景中，细节之处彰显用心。

↑ 图 1-5-2
立体的绿色藤蔓与自制的绳梯将"家园时光驿站"弯弯曲曲围拢，黑色胶片式展框自有一种文艺情怀。

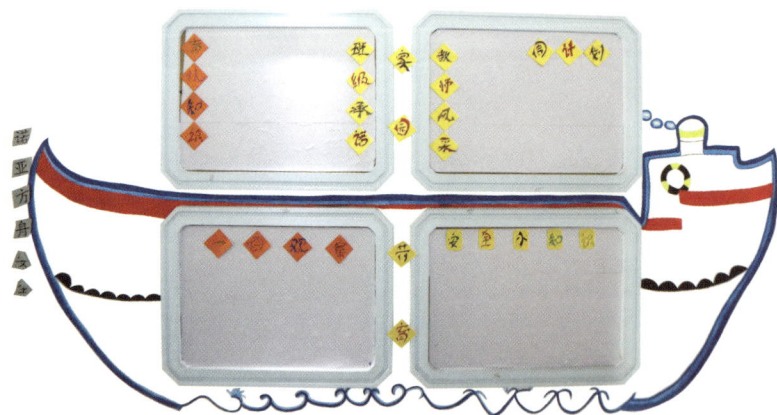

← 图 1-5-3
以小船为背景的家园联系栏寓意家园携手共同为幼儿打造健康快乐之舟，主题版块巧妙嵌于构图中，简而不单，奇而有质。

↑ 图 1-5-4

浮雕窗棂是窗口，也是舞台，全面
的工作内容展示就是最好的宣传。

→ 图 1-5-5

卡通形象让呆板的墙面生动起来，
弯弯的主题分栏好似笑眯眯的眉眼，
可亲、可爱。

← 图 1-5-6
家园快车，连通你我，第一时间发布我们的工作内容，寓意家园沟通快速、便捷。

↓ 图 1-5-7
主题是"艺海拾贝"，波浪线是温柔的大海，每个孩子都是大海中的珍宝，教师与家长共筑爱的海洋，幼儿在其中健康快乐成长。

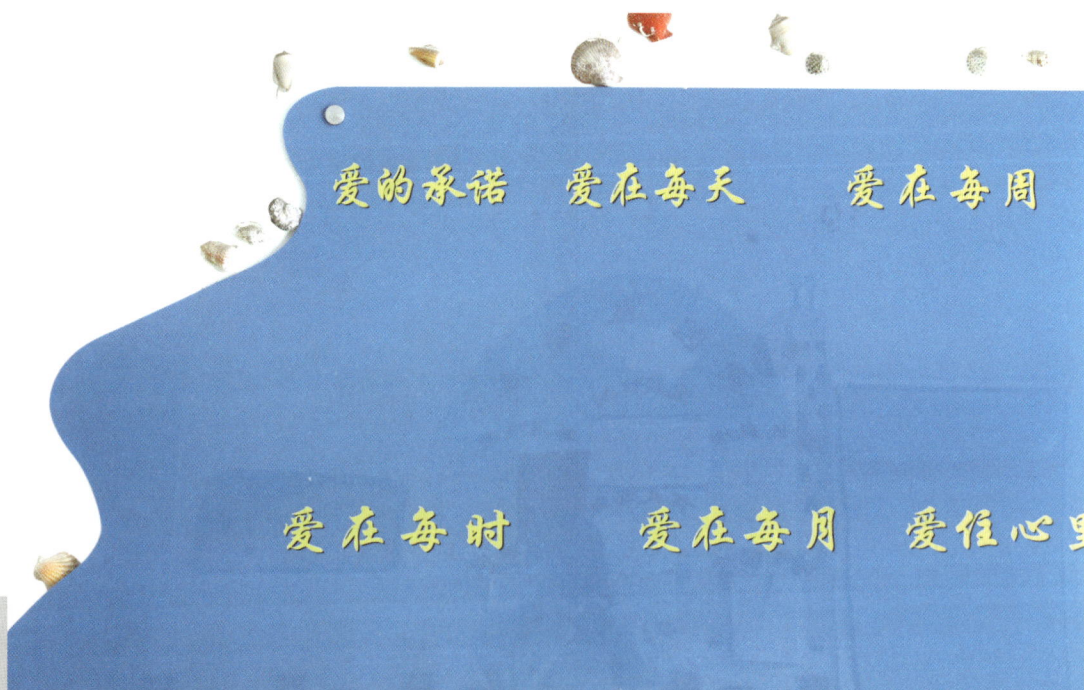

→ 图 1-5-8

"随风潜入夜，润物细无声"的理念体现了激发畅想、鼓励探索的课程特色，邀请家长广泛参与，共创未来。

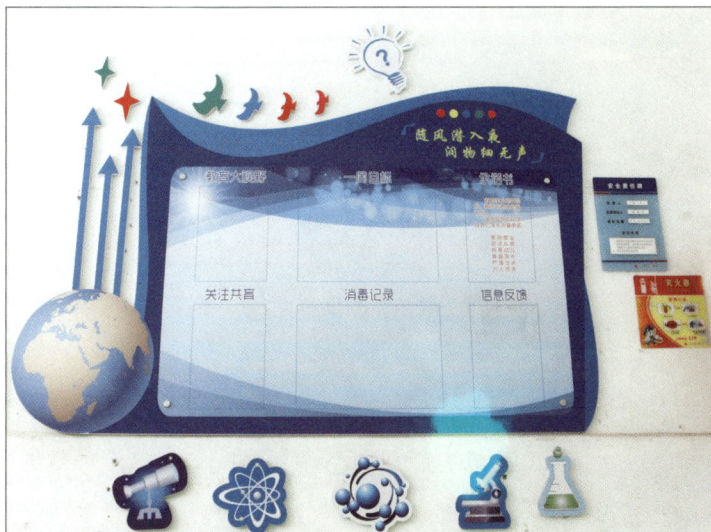

← 图 1-5-9

灰白色瓦棱形似黄土高坡下的"庄户人家"，"晋育童文"蕴含书简古画之中，体现山西文化特色。

→ 图 1-5-10

家园同期声，用剪影形式同期展示班级工作内容，知心才放心。

第二章

幼儿园班级特色环境创设

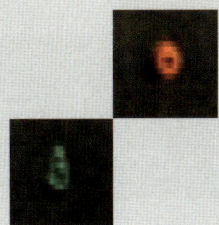

班级环境既是幼儿生活的空间，也是幼儿游戏与学习的空间；它不只是承载生活与游戏的物理空间，更是课程实施的媒介途径。因此，一所园、一个班，在进行环境创设时必须与其课程理念、课程设置和园所文化紧密结合。

　　山西省康乐幼儿园经过多年的探索和实践，以五大领域为中心，紧紧围绕"养习、启智、育康、播乐"的办园理念，以"探索型主题活动""感觉统合""音乐""书香阅读"与"美术""蒙台梭利课程"六大特色课程为基础，允许教师发挥个人特长，自主选择特色课程，创设班班有特色、处处有新意的康乐特色环境。

　　在创设环境的过程中我们思考以下问题：

　　一、环境的美感和特色课程元素的力量

　　我们希望运用色彩、光线、造型和特色课程等最具代表性的元素让幼儿获得最直观的体验。因此，承担环境创设的教师必须关注幼儿的感官体验，为幼儿创设美的环境，展现课程特色。

　　二、利用不同高度、视角创建游戏环境

　　空间的变动会给幼儿带来意想不到的体验。屋顶、地台、阁楼、墙面都为孩子们呈现不同视角、不同层次的空间，充分利用，扩大空间的可用性。

　　三、激发求知欲、好奇心和智力挑战

　　在环境的创设中加入多元、开放、神秘、自然的材料，通过观察、操作、探索，发展好奇心和科学的思维。

　　四、吸引幼儿参与表达，寻求幼儿对环境的看法

　　即使成人努力想着幼儿的需求，也无法代表幼儿真实的心声。在环境的创设中我们准备好一些话题，留出一些空间，备好一些材料，鼓励幼儿把想法付诸行动，大胆表达并参与环境的创设。

　　五、实现为全园幼儿服务

　　班级环境并不只是为某个班幼儿服务，它将面向全园每一个幼儿。幼儿走进每个班级都能看到与自己班级不一样的环境，分享不一样的特色资源，获得更大的发展。

　　从幼年到成年是一段循序渐进、脚踏实地的生命过程。我们希望在这里幼儿感到安全、温馨、受欢迎；在这里收获经验、自信与能力。让他们在自主选择、主动学习、快乐生活中为一生的发展奠定良好的基础。

一、"感觉统合"特色班级环境创设思路

"感觉统合"是什么？是大脑将身体各部分器官（眼、耳、鼻、皮肤等）输入的各种感觉刺激信息（视觉、听觉、嗅觉、触觉等）组织加工、综合处理的过程。幼儿园感觉统合活动一般分为两块内容：一是在专业感觉统合活动室进行系统的器材训练，这样的活动有助于幼儿大肌肉、大运动能力的提高；二是在班级活动室进行有序的教具训练，这样的活动有助于幼儿小肌肉、小精细动作的提升，两个活动内容相辅相成，协同促进幼儿"感觉统合"能力的提高。

创设"感觉统合"班级环境，就是要从墙面到地面、从区域到角落、从教具到材料，点点滴滴、时时处处、角角落落，全面体现感觉统合教育的理念、材料操作的方法、幼儿探究的痕迹、训练收获后的愉悦。首先划分区域是感觉统合班级环境的一大特点，区域是以视觉、听觉、触觉、本体觉、前庭觉这"五觉"来分隔的，各区投放相关的促进幼儿五觉发展的精细化材料。幼儿在与不同功能材料交互作用中，"五觉"能力将全面提高。其次区域材料的购买、制作也是感觉统合班级环境的另一特点，材料一定是直观的、可操作的、趣味的、合作的、探究的和有拓展性的。所有材料可以从不同角度、方向和功能去全面感知、发现、探究材料的玩法，由易到难不断提高操作难度，提升幼儿"感觉统合"能力。

感觉统合班级环境让幼儿看似在自由地"玩耍"，其实是有目的、有计划的"练习"，以促进幼儿组合神经系统整体功能的协调，同时获得自信与快乐。

二、"感觉统合"特色班级整体环境设计

（一）整体布局

感觉统合理念源于自然，旨在唤起人体各种感官的感知觉。在创设感觉统合特色环境时，总体环境应体现出生态自然的感觉，将视觉、听觉、嗅觉、触觉等感觉元素融入环境中去。或是区域材料，或是墙面创设，或静，或动，让孩子随手触摸，在游戏操作中享受感官的盛宴。

↑ 图 2-1-1

人的一切感觉源于自然，作为感觉统合特色的班级，以崇尚自然为主题，幼儿在原生态的环境中各种感官得到满足。结合我园对传统文化教育的重视，又融入了书香的元素，整体环境清新、雅致，置身其中，身心舒畅。

← 图 2-1-2

攀岩墙（网爬、梯爬、岩钉、绳索），钻笼，羊角球，迷你绳，蛇形轨道，轮胎顶灯，悬挂着的吊单、沙袋……即使在室内，也可以让孩子体验运动的快乐。

← 图 2-1-3

"动起来更精彩——快乐感统"将"感觉统合"的理念和特色呈现给大家。主墙与后墙相互呼应，将五大领域与感觉统合活动有机整合。

↑ 图 2-1-4

整体以蓝色为主调，配以三原色装饰。"神秘管道"可以帮助幼儿视觉上感知三原色以及由线条的不同变化感知不同的图形；听觉上感知声音的传递，粗细不同、造型不同的管道会传递不同的声音。

（二）墙饰

在感觉统合特色班级，墙饰的作用既要有观赏性，更要体现实用性。低矮的墙饰应更多体现感觉统合的理念，视觉、听觉、触觉的体现更加随意。如：随手可及的触摸、有趣的观察、不经意的敲击、触感的异样、色彩和图形的视觉冲击、声音的奇妙变化，带给孩子们感知觉的享受。矮墙之上，以观赏性为主，但应结合感觉统合特色中视觉理念进行创设；也可以融入班级理念中的一些内容，体现班级文化。

↓ 图 2-1-5
找糖果——感觉统合视觉训练游戏之一。让幼儿在游戏中迅速分辨、判断色彩的异同，提高观察能力与思维能力。

← 图 2-1-6
同一材料、不同形状的图形，旨在训练孩子们的空间知觉及协调能力。左右两只小手同时沿着线条摹画，需要左右手的配合与协调来感知图形，同时对触觉也是良好的锻炼。

设置攀岩墙，有网爬、梯爬、岩钉、绳索、软垫等，让孩子们在室内也可以体验运动的快乐。

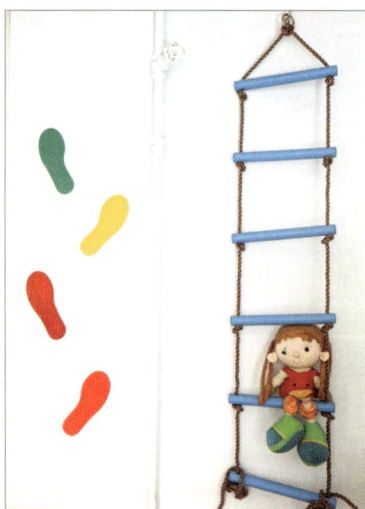

← 图 2-1-8、2-1-9
感觉统合训练中缩小版的悬梯，配以彩色脚印，发展幼儿视觉感知能力。

班级文化的呈现与感觉统合活动的结合。

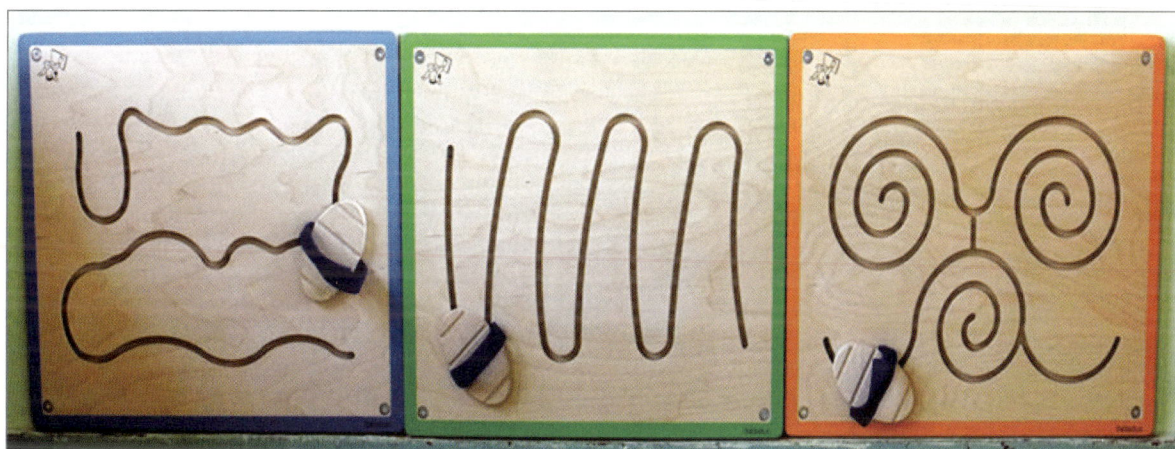

↑ 图 2-1-11
幼儿用手掌或脚掌走线，提高其双手配
合的协调性与灵活性；加强腿部力量和
控制力，提高幼儿的本体感。

（三）特色区域创设

1. 特色区域的安排

　　感觉统合特色区域的创设是在感觉统合课程引导下，创设一个至少占班级总面积四分之一的相关特色区域和其他各常规区域。在各个区里既要全面融合五大领域，还要重点体现感觉统合课程特色，如将视觉、听觉、触觉、本体觉、前庭觉等材料设计加工，并充实到各个区域的墙面、地面、桌面及区域柜中去，呈现出全面整合、各区融合的感觉统合区域风貌。

↑ 图 2-1-12

区域名称：决明子池

设计意图：树桩围挡的决明子池与枝节错落的大树相呼应，让这里更富有乐趣。玩耍决明子，可以刺激幼儿的触觉，使幼儿获得一种自然轻松的满足感。愉快的合作、角色场景的缔造，让孩子们更是乐享其中。

← 图 2-1-13

区域名称：触摸的乐趣

设计意图：在感觉统合理念中，触觉是很重要的一项感知觉。而孩子的天性就是对任何事物都会产生好奇心，也正是通过触摸来感知世界的。将不同材料的触觉板和阴刻文字的标题设置在孩子们唾手可得的位置，墙面、沙池周围、区域中……不经意的触摸让孩子们随时能得到触觉上的享受和满足。

↑ 图 2-1-14

区域名称：童梦驿站

设计意图：根据班级感统特色，设置攀岩墙，有网爬、梯爬、岩钉、绳索。同时，软垫上布置钻笼、羊角球、蛇形轨道、迷你绳和粘球靶等，让孩子随时随地感受运动带来的快乐，同时，提高手、眼以及肢体协调的能力。

← 图 2-1-15

区域名称：畅游大海

设计意图：以洁白的帆船、舞动的浪花、蓝色的大海作为背景，各种各样的精细动作材料激发孩子去感知，去体验畅游大海带来的快乐，促进幼儿平衡力、协调力、触觉、视觉等的发展。

↑ 图 2-1-16

区域名称：动感分享

设计意图：动感大树展示幼儿"感觉统合"活动内容及活动照片，活动区材料的投放引导幼儿从不同角度、方向、功能等方面感知、发现、探究材料的玩法，提升幼儿"感觉统合"能力，促进幼儿感、知觉的发展。孩子们在此合作游戏、分享快乐！

↑ 图 2-1-17

区域名称： 快乐感统

设计意图： 通过墙面图示、照片展示幼儿"感觉统合"的活动内容，区域柜中丰富的感觉统合活动材料以及地面可移动器械满足了幼儿感觉统合活动需求，促进幼儿视觉、听觉、触觉、本体觉、前庭觉的发展，充分保证幼儿与材料的积极、有效互动，全面提升幼儿"感觉统合"能力。

2. 特色材料的配置

活动材料循序渐进地促进幼儿听觉、触觉、嗅觉、味觉的发展，丰富他们各种感觉信息刺激，促进小肌肉的发展，提升感觉统合能力。

← 图 2-1-18

材料名称：灌篮高手

适合年龄：4—5 岁

目标：锻炼手腕的灵活性和控制能力以及手眼的协调能力。

操作方法：将小球投入颜色相同的篮筐内，可三人同时进行，看谁投得准、投得快。

← 图 2-1-19

材料名称：口腔训练器

适合年龄：3—6 岁

目标：

（1）刺激口腔内结构的感知觉。

（2）训练口腔内气流的控制。

操作方法：

（1）用嘴吹气将乒乓球吹到圆孔内。

（2）按乒乓球上的数字把它吹入相应数量的圆孔内，练习数与量的对应。

（3）以比赛的形式看谁吹到的位置数字大。

（4）以比赛的形式看谁吹得远。

← 图 2-1-20

材料名称：触觉接龙板

适合年龄：3—6 岁

目标：

（1）提高触觉识别能力。

（2）按颜色材料进行排序。

操作方法：

（1）通过视觉判断，按颜色进行接龙。

（2）通过触摸判断，按材质进行接龙。

（3）戴上眼罩，进行触觉判断接龙。

← 图 2-1-21

材料名称：企鹅叠叠乐

适合年龄：3—6 岁

目标：

（1）训练手眼协调能力、视觉平衡
能力。

（2）增强观察力和挑战力。

操作方法：

（1）幼儿两人或三人游戏，将小企
鹅轮流放到冰山上，谁放得多
谁胜。

（2）冰山晃动，将小企鹅轮流放到
冰山上，谁放得多谁胜。

（3）幼儿可动脑将小企鹅摆放成不
同的造型。

← 图 2-1-22

材料名称：彩虹积木

适合年龄：3—6 岁

目标：

（1）感受彩色透明积木不一样的视
觉空间。

（2）训练视知觉的发展能力。

操作方法：

（1）幼儿进行堆叠游戏，发现颜色
叠加变化。

（2）幼儿可根据不同颜色将积木摆
放成不同的空间立体造型。

（3）幼儿可进行排序练习。

← 图 2-1-23

材料名称：甜馨派对

适合年龄：3—6 岁

目标：

（1）认知图形，并自由组合图形，
刺激感官，练习专注力。

（2）提高手眼协调能力。

操作方法：

（1）可堆叠，进行平衡游戏。

（2）可进行排序练习。

（3）可进行听声音找同伴游戏。

← 图 2-1-24

材料名称：闻闻乐

适合年龄：4—6 岁

目标：

感受不同的气味变化，锻炼嗅觉的灵敏性。

操作方法：幼儿闻瓶中散发出的气味，找出两个气味相同的瓶子进行配对。

← 图 2-1-25

材料名称：百宝箱

适合年龄：3—4 岁

目标：

（1）感知物体质地，能摸出不同质地的物体。

（2）尝试运用语言描述被触摸物体的主要特征，巩固对不同质地物体特征的认知。

操作方法：

（1）按要求从百宝箱中摸出物体。

（2）一边摸物体一边尝试用语言描述物体的质地或其他主要特征。

← 图 2-1-26

材料名称：圈圈轨道

适合年龄：3—6 岁

目标：

（1）提高专注力及手眼协调能力。

（2）训练口唇部的控制能力。

操作方法：

（1）将圆圈轨道平持手中，调整左右手高度，让小球沿着轨道运动。

（2）将圆圈轨道立起来，通过嘴部吹出气体的力量让小球一格一格滚动。

一、音乐特色班级环境创设思路

在幼儿园里，我们常能听到孩子们在嬉戏中本能地哼唱，看到他们听到音乐就手舞足蹈……对此，有研究者认为，大部分的儿童都是喜欢音乐的。音乐特色班级的环境创设正是抓住了幼儿这一特点，借助环境激发幼儿与丰富材料的碰撞。

在这里，有宽阔的舞台、富有艺术和童趣形象的背景装饰、柔和的灯光……激发了不同年龄幼儿"我想表演，我要歌唱"的欲望；在这里，有丰富的材料，如话筒、玩具钢琴、架子鼓、乐器架与多种乐器——民族的、西洋的、木制的、金属的……我们鼓励幼儿与家长、老师一起收集、自制，大胆发现生活用品中的音乐元素；还有靓丽的服装、多样的道具、仿真的更衣室、化妆间……

在这里，幼儿可以做导演、主持人、演员、观众、音响师或化妆师……他们可以依据个人喜好装扮起来，或独立表演或合作表演，你唱我跳、你说我奏，台上演完不忘鞠躬致谢，台下观众不禁热情鼓掌……

在这里，幼儿在自主选择、自由探索、大胆感受与表现中彰显个性、收获快乐、健康成长！

二、音乐特色班级整体环境设计

（一）整体布局

创设音乐特色环境在思考好整体布局与色彩搭配后，更多是借助舞台、灯光、话筒、乐器、服装、道具、音乐、音响等元素，为幼儿打造一个迷你剧场，通过变换服装与道具，变换音乐风格与乐器种类，引导幼儿探索不同民族、不同地域多姿多彩的音乐艺术，让他们在乐声中快乐成长！

← 图 2-2-1

宁静的蓝色、辉煌的金色以及镜面装点为幼儿打造绚烂多彩的小舞台。他们在这里翩翩起舞、自信歌唱，享受音乐的美好，让音乐伴随幼儿健康成长！

↑ 图 2-2-2

童话世界里的梦幻城堡极大地激发了幼儿参与活动的热情。靓丽的服装、多彩的道具支持着幼儿当"主角"的梦想。

60

（二）墙饰

苏霍姆林斯基曾经说过："要使学校的墙壁会说话。"在创设音乐特色环境中，我们充分利用墙饰向幼儿传递丰富的音乐信息。考虑到幼儿的视角，距离地面1.2米以上的墙面，其创设可主要突出墙饰的装饰性，如，用五线谱、音符、琴键、留声机等音乐形象进行造型装饰；或布置音乐家肖像与人物故事简介；或以图文结合的形式展示音乐的多种形式：声乐、器乐、歌剧、戏曲、芭蕾、舞蹈等等。在低于1.2米处则可突出墙饰的教育性和操作性，如，将幼儿熟悉喜欢的歌曲变成连环画，便于幼儿观察理解、感知记忆；宣传乐器分类的常识；悬挂乐器供幼儿敲敲打打、感知探索；还可以展出小朋友园内外表演的照片等等。

通过墙饰的装饰性、操作性和教育性潜移默化地激发幼儿对音乐的热爱，在音乐感知与表现中健康、快乐地成长。

← 图 2-2-3

漂亮的三角钢琴，可爱的猫咪演奏家，灵动的音符，透过墙饰孩子们似乎听到了曼妙的琴音，感受到音乐的美好，不知不觉中爱上音乐。

↓ 图 2-2-4

墙上展示的是孩子们常见的一些乐器，在一个以音乐为特色的班级里，这样的墙饰更能突显其音乐特色，同时也能丰富孩子们对乐器的认识。

↑ 图 2-2-5

根据幼儿的年龄特点，本着让每一面墙都说话的原则，在创设区域环境中做到了"序、美、趣、意"。

↑ 图 2-2-6

简约的音符、麦克风、耳机等图形创设出倾听音乐的美好情景，酒红色立体亚克力的材质与蓝白色的背景墙色彩形成对比，使之鲜明又不失活泼与动感。

↑ 图 2-2-7

以瓢虫为主题背景，以五线谱为辅助，以木扇为装饰，为幼儿营造一个浪漫、宽松的音乐表演氛围。

↑ 图 2-2-8

一组形态各异的芭蕾舞蹈者，仿佛在用她们优美的舞姿召唤小朋友："来吧，我们一起翩翩起舞，享受音乐的美好！"

（三）特色区域创设

1. 特色区域的安排

　　音乐特色区域的创设是在音乐课程引导下，创设一个至少占班级总面积四分之一的相关特色区域和其他各常规区域。在各个区域里既要全面融合五大领域，还要重点体现音乐课程特色，如设置舞台背景、灯光道具、乐器服装及更衣室、化妆间等环境，提供激发幼儿充分感受、大胆表现、彰显个性的音乐材料，将这些材料分布到各个区域的墙面、地面、桌面及区域柜中去，呈现出全面整合、各区融合的音乐区域风貌。

↑ 图 2-2-9

区域名称：舞动的舞台

设计意图：舞台、舞者、灯光，乐器、道具、服装……这一切旨在为幼儿打造绚烂多彩、真实而又梦幻般的小舞台，他们在这里一展风采，收获的不仅仅是音乐技能，更有成长的快乐与自信！

→图2-2-10

区域名称：快乐活动

设计意图：创设属于孩子自己的特色环境，色彩上，以明快的纯色为主；造型上，以稚拙、简洁为主要表现手法；内容上，为幼儿创设他们熟悉的生活环境，让幼儿更有成就感和自豪感。活动室的墙上布置多种不同形态的拟人化的动物、花草，更能引起幼儿的兴趣和喜爱。

←图2-2-11

区域名称：梦幻美装店

设计意图：精致的化妆台、美轮美奂的服装、头饰、屏风都细致考虑了幼儿的审美和心理需求，幼儿可以自由选择，互助互赏，快乐无限。

←图2-2-12

区域名称：梦幻剧场

设计意图：清爽的色调、梦幻的城堡，极大地激发了幼儿的表演欲望，丰富的表演服装、道具和乐器支持着幼儿"主角"的梦想。在这里，孩子们欣赏自己，欣赏他人，感受美、表现美、创造美。

↑ 图 2-2-13

区域名称：小秀场

设计意图：柔软的七彩线帘，装点了缤纷的"舞台"，各种角色的服装道具，总是能招来一个个跃跃欲试者，使幼儿的个性得到张扬。

↑ 图 2-2-14

区域名称：欢乐剧场

设计意图：心有多大，舞台就有多大。典雅大气的罗马柱，背景中广阔无垠的大海，共同打造出无限的表演空间，孩子们可以根据自己的需要任意搭建，满足他们自我表现的愿望。

2. 特色材料的配置

幼儿喜欢敲打，制造声音，创造出各种类型的节奏。他们更乐于在动听的乐曲中舞动着身体，以表达对音乐作品的理解和感受。

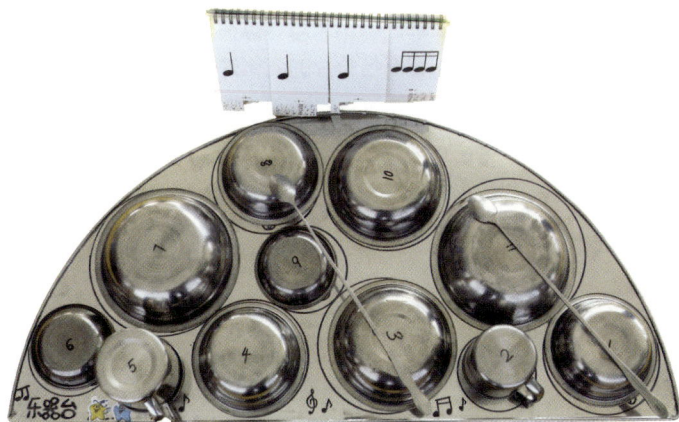

← 图 2-2-15

材料名称：锅碗瓢盆奏鸣曲

适合年龄：4—6 岁

目标：

（1）能双手协调地进行敲击演奏。

（2）能根据节奏谱敲击出自创的节奏。

操作方法：

（1）双手各持长柄勺，按数字从大到小敲击音阶。

（2）用节奏谱自创节奏，有节奏地演奏。

← 图 2-2-16

材料名称：我爱表演——服装、头饰

适合年龄：3—6 岁

目标：

（1）能根据角色表演的需要挑选适宜的服装和头饰，为表演增添乐趣。

（2）喜欢表演，落落大方，自信阳光。

操作方法：

（1）认识表演服和头饰道具，会正确穿脱、使用表演服和头饰道具。

（2）根据表演的需要，自选喜欢的表演服和头饰。

← 图 2-2-17

材料名称：好听的竹片

适合年龄：3—6 岁

目标：

（1）探索不同竹片所发出声音的异同。

（2）体验声音变化和打击伴奏的乐趣。

操作方法：

（1）用小棒或音锤轻轻敲击竹片，感知竹片清脆的声音，能配合音乐打击伴奏。

（2）用不同材质的音锤敲击竹片，感受声音的变化，能配合音乐打击伴奏。

（3）对比敲击长短、宽窄、厚薄不同的竹片，感知音高与竹片的变化关系，能配合音乐打击伴奏。

← 图 2-2-18

材料名称：自制沙锤

适合年龄：3—6 岁

目标：

感知不同的颗粒物在瓶中经摇晃或甩动发出的声音变化。

操作方法：

单手或双手执沙锤左右摇晃或上下甩动，伴随音乐进行有节奏地伴奏。

↑ 图 2-2-19

材料名称： 15 音箱式铝板琴

适合年龄： 3—6 岁儿童

目标：

（1）大胆探索音的高低变化，乐意配合音乐打击伴奏。

（2）体验不同音高与伴奏带来的乐趣。

操作方法：

（1）用音锤轻轻敲击或刮奏琴键中央，奏出清脆悦耳的音乐，能配合音乐打击伴奏。

（2）用不同材质的音锤敲击或刮奏琴键，感受声音的变化，能配合音乐打击伴奏。

（3）取下琴键，比较长短，感知音高与琴键长短关系的变化，能配合音乐打击伴奏。

← 图 2-2-20

材料名称： 我爱表演——多彩道具

适合年龄： 3—6 岁

目标：

（1）会依据表演的需求自选不同的道具辅助表演。

（2）感受表演带来的乐趣。

操作方法：

（1）认识各种表演道具的基本操作方法。

（2）学习各种道具的收放方法。

（3）应用各类道具进行童话剧、音乐剧等舞台表演。

一、美术特色班级环境创设思路

如何打造美术特色班级环境？让幼儿在环境的熏陶下感受美、表现美，创造美，让幼儿与环境进行参与式对话，参与环境的创造，是美术特色班级的重要特征。创设环境时可从以下几点进行思考：

（1）考虑环境的整体性，色彩不宜过多。装饰应遵循形式美的法则，按照对称、均衡、和谐、变化与统一等规律，色彩应有主色调，使整体环境鲜明而协调。

（2）区域创设及材料投放可从三方面思考：色彩应用（玩色区）、动手操作（平面或立体的手工制作区）、材料创作（非结构组合创作设计区），让幼儿在玩中创作。

（3）墙饰部分应考虑为幼儿留白，让它成为幼儿参与创作展示及与环境对话的平台。

总之，美术特色班级环境创设要本着培养幼儿自我发现与欣赏、大胆表现与创作的原则，让幼儿与环境积极对话，成为环境的主人。

二、美术特色班级整体环境设计

（一）整体布局

美术是幼儿的另一种语言。创设整体环境时要遵循装饰应用形式美的法则：对称、均衡、和谐、变化与统一等，唤起幼儿对美的欣赏及表达的渴望。以艺术源于生活为核心，运用区域材料、墙饰等让幼儿感受艺术无处不在，可运用任何材料表达自己的想法，创造出个性化的艺术作品。

← 图 2-3-1
以"晋韵风格"为主的设计，结合传统的窗棂、青花瓷、葫芦、香扇、木雕等材料，装饰出具有浓郁的中国元素的活动空间，让幼儿在传统文化的氛围中健康成长。

原木木框、粗麻绳、多彩的贝壳与波西米亚风格石壁的映衬，自然的质朴与浓烈色彩的交互冲击，让每个孩子在艺术欣赏、表现与创作中富有个性地成长。

（二）墙饰

　　美术特色班级墙饰的设计应考虑分上下两个部分。根据幼儿的视线高度，以 1.2 米为界，1.2 米以上的墙面一般作为幼儿欣赏展示区，展示名家名作，留白部分展示幼儿作品等供幼儿欣赏、分享；1.2 米以下部分作为幼儿操作区，可设置涂鸦、粘贴、拼搭等墙饰，供幼儿创作使用。上下墙面相互呼应，给予幼儿充分交流、展示自我的空间，使幼儿能够进行充分的欣赏观察、表达表现及自我创作。

← 图 2-3-3
这是山西广灵剪纸，让幼儿了解家乡文化，培养对民族文化的兴趣，提高审美能力，激发爱家乡的情感。

← 图 2-3-4
这幅"大鱼小鱼吐泡泡"墙饰图展示了一家人的和谐与爱。不同色彩的石头装饰让幼儿感受色彩的美。幼儿可以根据图片添加情节讲述海底故事。

↑ 图 2-3-5
五谷杂粮不仅可以食用，还可以制作艺术画作。幼儿欣赏之余还可以了解大米、面粉、荷花的生长过程。

← 图 2-3-6
九宫格的画框环绕出艺术的魅力，每一幅作品都展示出幼儿的创意和生动的故事，使每一位幼儿都能大胆自信展示自我。

↑ 图 2-3-7
采用几米的漫画作为墙饰，因为几
米的漫画以童真的笔触描绘出一个
个流畅诗意的画面。希望幼儿能与
这些幻想和梦产生共鸣。

↑ 图 2-3-8
采用窗格造型镶嵌画面，与墙面主
题吻合，梦幻的大主题墙中又不失
细腻的表达。

↑ 图 2-3-9
墙面粘贴创作沙画的步骤图示，潜移默化地引导孩子玩沙的兴趣和方法，在用沙子作画的游戏中不仅体验了多种材料作画的乐趣，还体验了沙子的特性。

→ 图 2-3-10
废旧木块、木板彰显原生态风格，与用生活材料制作的创意作品，形成散发着浓郁艺术特质的墙饰风格。

↑ 图 2-3-11

孩子们创作的作品，色彩鲜艳，对比强烈，造成了强烈的视觉刺激，可以促进幼儿视觉的发展。

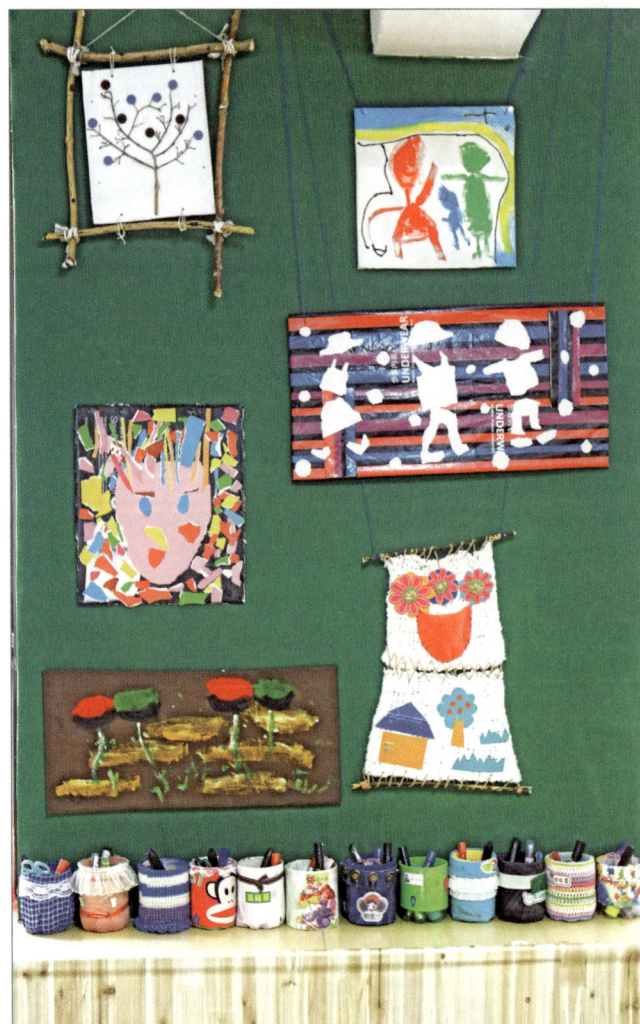

← 图 2-3-12

家长与孩子共同参与，用废旧硬纸片、面粉袋、无纺布手提袋、毛衣、牛仔裤、袜子、套袖、扣子、饮料瓶、树枝等大胆创作，在墙面上展示实现了环境与活动互动的教育价值。

← 图 2-3-13
深色粗布作为墙面，环保经济、柔软，易贴挂作品且不损害墙面，为创设艺术气息的走廊增添了原生态元素。

← 图 2-3-14
幼儿的创意展示墙。各种手工制作、创意绘画、综合艺术品展示在这里，得到宣传，每一个孩子都有机会展示自己的作品。

（三）特色区域创设

1. 特色区域的安排

美术特色区域的创设是在美术课程引导下，要创设一个至少占班级总面积四分之一的相关特色区域和其他各常规区域。在各个区域里既要全面融合五大领域，还要重点体现美术课程特色，如创设感受美、表现美、创造美的环境，提供色彩运用、动手操作、材料创作的美术材料，将这些材料分布到各个区域的墙面、地面、桌面及区域柜中去，呈现出全面整合、各区融合的美术区域风貌。

← 图 2-3-15

区域名称：纸工画坊

设计意图：纸和颜色相遇，就像变魔术一样，变化出一幅幅优美的作品，将这些作品展示在墙上、屋顶上、窗台上，既美化了环境，又能激发幼儿的想象力。

← 图 2-3-16

区域名称：沙沙乐

设计意图：把沙滩搬回家，玩土玩沙一直就是孩子们的最爱，这个区域按照班级空间大小量身定做了沙池，里面配备了太空超轻黏土和各种模具，孩子们穿着玩沙的工作服，用心爱的工具可以创作出各种沙滩动物，边做边玩边讲，动手能力和想象力得以充分发挥。

← 图 2-3-17

区域名称：民族园

设计意图：这里的作品吸纳了体现民族风情的青花瓷布饰、灯笼、编织、传统纹样的装饰、陶泥陶艺、民间剪纸等多种艺术形式，处处散发着浓郁的民族气息。师幼共同设计完成了"废旧瓶子添花衣"，将废旧瓶子大变身，精彩呈现了师幼的美术创意。

← 图 2-3-18

区域名称：沉香墨韵

设计意图：原木雕花的窗棂、晋剧艺术的脸谱、传统刺绣的鞋垫、小巧精致的纸伞、工艺精湛的沙瓶、缤纷易塑的彩泥……每一种美术材料都富有山西民俗特色，既传承了我国民间的传统文化，又提高了幼儿的审美和动手能力，真正让幼儿从小受到我国传统艺术的熏陶。

← 图 2-3-19

区域名称：淘泥坊

设计意图：波西米亚风格的石壁、干花、芦苇、麻绳相互呼应，呈现出自然之美，使人仿佛走进石窟。各种不同的材料：黏土、珍珠泥、各种装饰物等，激发儿童去感受、去创造。

← 图 2-3-20

区域名称：创意空间

设计意图：各种废旧材料创作的作品，丰富多彩地呈现在墙上、屋顶上。幼儿置身其中，真实体验，大胆想象，激发出无限创意，用美丽的色彩勾勒出自己的画作。

2. 特色材料的配置

凡是幼儿感兴趣的内容都可以成为他们的作品，凡是幼儿喜欢的材料都可以成为他们的创作材料。环境应激发幼儿在宽松、自主的创意活动氛围中发挥想象，用自己喜欢的创作方式创造性地表现美。

← 图 2-3-21

材料名称：彩色手工纸绳

适合年龄：3—6 岁

目标：

（1）尝试进行色彩搭配、缠绕，锻炼手部肌肉的灵活性。

（2）学习感受美、表现美、创造美。

操作方法：

（1）尝试利用彩绳装饰瓶子。

（2）尝试进行平面缠绕或手工编织。

（3）结合多种材料进行组合装饰。

← 图 2-3-22

材料名称：漂亮的鞋垫

适合年龄：3—6 岁

目标：

（1）学习手工缝制鞋垫花纹。

（2）尝试创意设计各种图案。

操作方法：

（1）尝试进行十字、平行缝制。

（2）按图进行仿制缝制。

（3）自主进行创意设计。

← 图 2-3-23

材料名称：贝壳画

适合年龄：3—6 岁

目标：

（1）大胆想象，用多个贝壳和辅助材料进行动物造型设计。

（2）尝试用不同材料、不同技能进行装饰活动。

操作方法：

（1）欣赏成品贝壳画。

（2）根据不同形状的贝壳及辅助材料进行自主操作，创作贝壳画。

← 图 2-3-24

材料名称：美丽的相框

适用年龄：5—6 岁

目标：

（1）练习构图。

（2）大胆表现美、创造美。

操作方法：

（1）使用颜料、各种笔在相框内画画。

（2）使用各种图案剪贴装饰相框。

（3）利用串珠、橡皮泥等拼摆装饰相框。

← 图 2-3-25

材料名称：有趣的沙画

适合年龄：3—6 岁

目标：

（1）在熟悉沙的特性基础上，初步学习沙画的作画步骤。

（2）利用工具在沙中作画，培养幼儿想象力和动手动脑的能力。

操作方法：

（1）构思作品。

（2）从瓶子里舀出沙子，大胆进行沙画。

（3）选择彩沙进行画面的装饰。

← 图 2-3-26

材料名称：剪纸小巧手

适合年龄：5—6 岁

目标：熟练使用剪刀，学习用连续折叠的方法剪出图案。

操作方法：

（1）对折后画出对称的图案。

（2）进行二方连续的折叠与剪纸。

（3）设计出自己喜欢的图案，进行折叠并剪出漂亮的作品。

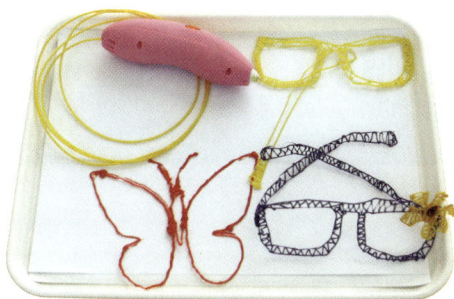

← 图 2-3-27

材料名称：魔法 3D 立体打印笔

适合年龄：3—6 岁

目标：

（1）尝试用 3D 立体打印笔绘制多种图形。

（2）探索 3D 立体打印笔创作立体物品的方法。

操作方法：

（1）幼儿可以根据透明模板绘制图案。

（2）幼儿可自由创作立体图形。

← 图 2-3-28

材料名称：纸浆画

适合年龄：3—6 岁

目标：

（1）尝试用纸浆、装饰物来创作画。

（2）探索草花纸的多种玩法。

操作方法：

（1）用勺子把纸浆放入筛子，过滤掉水并把纸浆铺满筛子。

（2）用勺子挤压纸浆，并用装饰的花朵来点缀纸浆画。

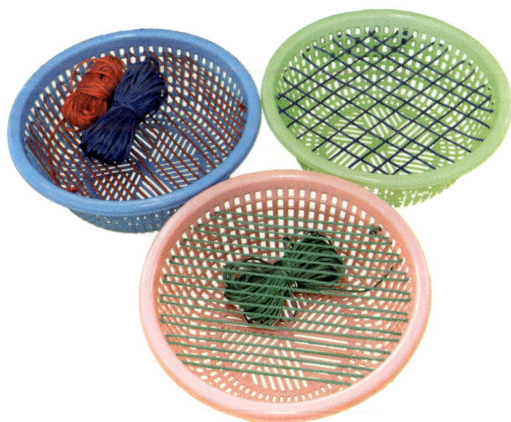

← 图 2-3-29

材料名称：编花篮

适合年龄：5—6 岁

目标：创意想象多种编织方法。

操作方法：

（1）按彩绳的颜色进行有序穿编。

（2）大胆创造出多种造型的穿编图案。

一、"蒙氏"特色班级环境创设思路

蒙台梭利认为：只有准备完善的环境才能激发幼儿的潜能，幼儿通过与环境的互动而发展内在的生命力。因此，"蒙氏"教育环境的设计理念是创造一个适合幼儿生理、心理发展需要，并利于幼儿正常健康成长的环境。

"蒙氏"环境创设包括物理环境、心智环境和情感环境。其中物理环境的特色尤为突出，要创设像家一样的班级环境：安全、真实、有秩序，整洁美观；幼儿衣食住行所需的生活设备和用品都应是真实的，大小、高低、颜色适宜幼儿，还原家的感觉。区域设置的目标体现有序列。通过日常生活区、感官区、数学区、科学文化区等阶梯式的区域活动促进幼儿的成长。像艺术品一样的区域材料，精致、优雅、有特色。讲究的质地、精致的图案、完美的造型、美观的陈设、材料的精致，提升幼儿审美的能力和热爱生活的美好品质。像隔断一样的空间分隔，既有开放的一面，又能保证私密和个性。"蒙氏"环境中有许多原木色柜子，柜子里的教具互为关联，每一个柜子都会有章法地组合起来，形成几个区域，幼儿不管走到哪里都可以看到、拿到相应的工作材料，这就是"蒙氏"环境细节的特别之处。

"蒙氏"环境是一个精心设计的、适合幼儿需要的真实环境。幼儿由内而外的身心愉悦，就是在"守则中自由、充实中安静、舒适中优雅"这样的环境中滋养起来的。

二、"蒙氏"特色班级整体环境设计

（一）整体布局

"蒙氏"环境创设旨在为幼儿打造一个"有准备的环境"，从温馨、自然、家庭氛围的整体色调到方便幼儿使用的开放、简约的设施、器具，再到科学设计、秩序摆放、自主操作的系列教具，处处细节渗透了"幼儿为中心，秩序、独立、自由、专注"的"蒙氏"教育原则。幼儿在这个充满实用性、教育性、特色性的环境中，快乐"工作"（蒙特梭利认为，孩子天生具有学习的能力和需求，且把这种学习活动称为工作），通过"吸收性心智"与一切环境中的事物互动，在潜移默化中获得成长。

↑ 图 2-4-1

以"爱"为主题，用蓝色和红色为主色调，运用书法、扎染、十二生肖等具有鲜明的中国元素的材料，为儿童创设一个像家一样温馨、童趣、可以自由成长的环境。

← 图 2-4-2

蓝色似海洋、似天空，博大而静谧，像成人给予孩子的爱。黄色似阳光、似星辰，灵动又充满活力，如孩子般充满希望与生机。井然有序的"蒙氏"教具似无声的"老师"，丰富多样的材料是具有吸引力的"伙伴"，儿童在这个"有准备"的环境中自由探索，激发生命，成为一个自主、自信的个体。

↑ 图 2-4-3

整体环境以"自然"为主题，利用麻绳、树枝、树叶、蝴蝶等材料创设原生态的自然元素。给孩子以身处自然的放松感与亲切感。同时，体现了蒙台梭利尊重幼儿身心自然发展的教育理念。

← 图 2-4-4

室内以粉色、白色为主色调，配以淡黄色的蕾丝窗帘、粉白色的儿童沙发、餐桌等，让孩子在幼儿园感受到"家"的温馨与舒适，心情愉悦，爱上幼儿园。

幼儿园是孩子的第二个家。粉色与白色的温馨色调有助于减少幼儿的入园焦虑，给幼儿以安全感。宽敞又不失独立的空间布局，方便幼儿自由出入；丰富又多样的材料投放，让幼儿自主选择、自主游戏。

（二）墙饰

"蒙氏"墙面的装饰不宜过于鲜艳，应以配合整体区域的颜色及风格为宜。1.2米以上的墙面可以突出 "家"的风格；1.2米以下可选用与本区域相关的内容，设计成可操作的互动墙面，方便孩子操作。还要及时更换主题，满足不同儿童的需求。

→ 图 2-4-6

"教育体系是以感官为基础,以思
考为过程,以自由为目的!"这一
理念的展示,提醒教师:每个孩童
都是独立的个体,在有效的环境中
自主成长,成人的作用就是创设这
个"有准备"的环境。

↓ 图 2-4-7

教育就是激发生命、充实生命,协
助孩子们用自己的力量生存下去,
并帮助他们发展这种精神。

← 图 2-4-8

蒙台梭利教育的精髓在于培养幼儿自觉、主动的学习和探索精神。在"蒙氏"教室里，有丰富多彩的教具，它们都是根据儿童成长的敏感期所设计的适宜儿童成长的"玩具"。孩子通过自我重复操作"蒙氏"教具建构完善的人格，在自由操作中得到了多方面的能力训练。

（三）特色区域创设

1. 特色区域的安排

　　"蒙氏"特色区域的创设是在"蒙氏"课程引导下，要创设一个至少占班级总面积四分之一的相关特色区域和其他各常规区域。在各个区域里既要全面融合五大领域，还要重点体现"蒙氏"课程特色，如设置日常区、感官区、数学区、科学区、语言区等，提供传统"蒙氏"教具和自制延伸教具，并将它们分布到各个区域的墙面、地面、桌面及区域柜中去，呈现出全面整合、各区域融合的"蒙氏"区域风貌。

← 图 2-4-9

区域名称：蒙蒙超市

设计意图：小小的超市浓缩了分类、排序、对应的逻辑思维能力培养，导购员、收银员的分工让孩子明白了什么是任务，买卖的游戏规则引导孩子积累社会生活经验，体现了玩中学、游戏中收获、生活即教育、教育的目的是为了未来的生活等理念。

← 图 2-4-10

区域名称：爱心小屋

设计意图：通透的异型玩具柜作为"爱心小屋"的隔断，粉色的地毯、粉色的桌子和椅子让小屋充满了温馨，布娃娃、厨房用具等精美的玩具，激发了小朋友游戏的愿望，幼儿的社会性及交往能力在游戏中得到了提高。

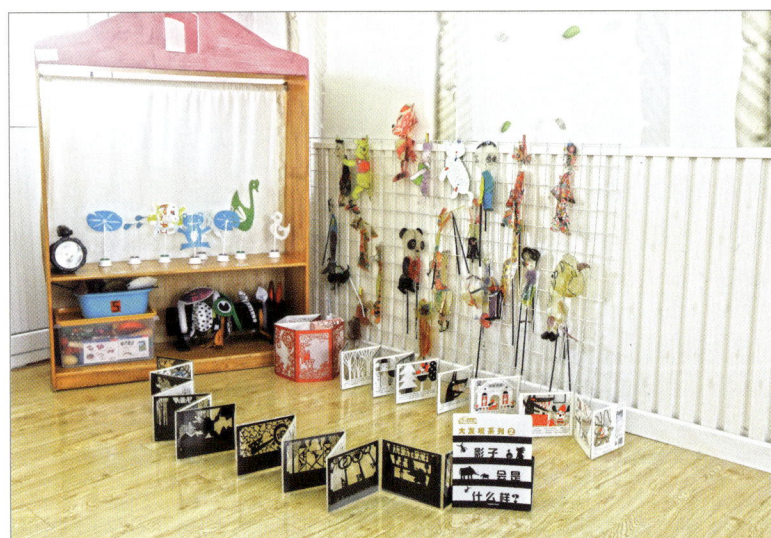

← 图 2-4-11

区域名称：美妙光影

设计意图："皮影戏"是我国民间传统艺术，在这里，孩子们将剪影和灯光美妙地结合，创造出灵动的光影，讲述自己熟悉的故事，感受传统艺术的魅力。别样的表演形式给孩子们带来了快乐和自信。

← 图 2-4-12

区域名称：甜蜜时光

设计意图：真实的食材点燃了孩子的创作激情，亲自动手、愉快合作，制作出美味且有创意的点心。大家一起分享交流，收获友情的同时，更感恩时光的美好。在这里孩子们的生活经验得到迁移，自我服务能力获得提升，角色的分工及各领域的整合，让他们乐此不疲。

← 图 2-4-13

区域名称：启智厅

设计意图：幼儿从小就对科学文化知识相当敏感和兴趣浓厚，所以在启智厅为幼儿提供了包括地理、历史、动物、植物等各方面的材料，并不要求孩子吸纳所有的知识，而是希望借此打开孩子认识世界的窗口，启发他们探索世界的好奇心，进而学会用科学的思维来思考问题、解决问题。

← 图 2-4-14
区域名称：生态园
设计意图：本着"孩子在前，老师在后"的教育理念，提供动物、植物、贝壳等便于孩子观察的实物、标本、骨胳模型，鼓励孩子认真观察，并用自己的方式记录在对应的表格中，提高幼儿主动学习的能力。

2. 特色材料的配置

在丰富的蒙氏教具基础上不断创新，不断制作延伸教具，幼儿通过参与、体验、探索养成有秩序、精细、专注的工作习惯，为幼儿的一生奠定良好基础。

→ 图 2-4-15
材料名称：胎儿的成长
适合年龄：4—6 岁
目标：
（1）了解胎儿的成长过程。
（2）建立大小概念并排序。
操作方法：
（1）直接从子宫模型内取出胎儿，感知胎儿身体的各个部位。
（2）辨别不同阶段的胎儿大小并根据胎儿大小排列顺序。

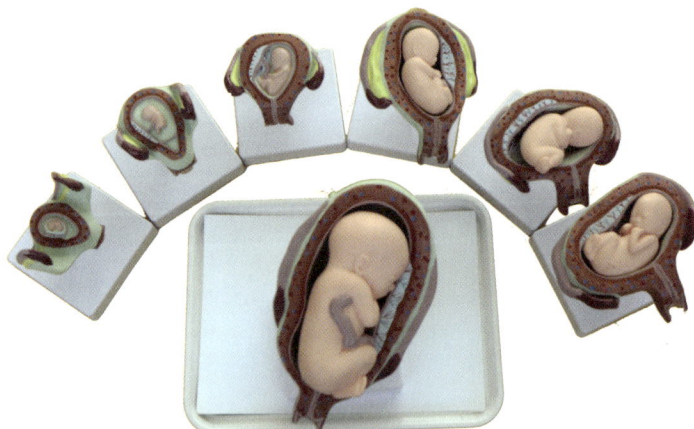

设计意图：本着"孩子在前，老师在后"的教育理念，提供动物、植物、

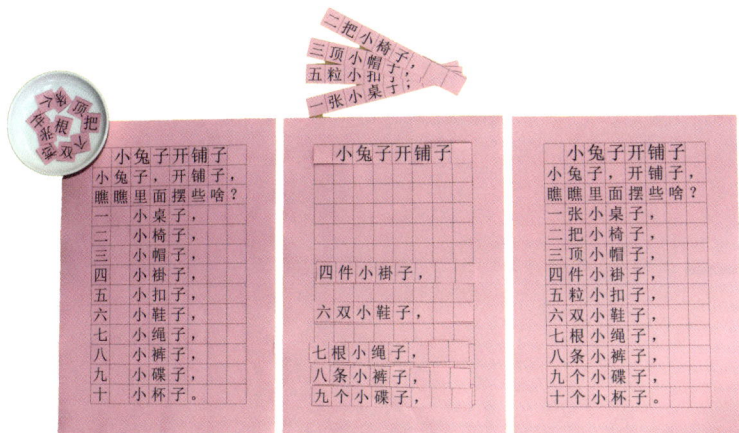

← 图 2-4-16

材料名称：**量词儿歌**

适合年龄：4—6 岁

目标：

（1）能初步地阅读儿歌。

（2）能理解和应用量词。

操作方法：

（1）阅读量词儿歌。

（2）拿出没有量词的儿歌卡，填上对应的量词卡。

（3）对照儿歌图片填上句卡。

（4）对照古诗卡检查。

↑ 图 2-4-17

材料名称：**地形、水形**

适合年龄：3—6 岁

目标：

（1）初步了解地形和水形。

（2）能操作地形、水形三步卡。

操作方法：

（1）感知地貌模型。

（2）使用橡皮泥制作地形、水形。

（3）排列第一步卡（有图和文字的卡片）并阅读名称。

（4）将第二步卡（只有图）与第一步卡配对并复述名称。

（5）将第三步卡（只有字）与第二步卡配对。

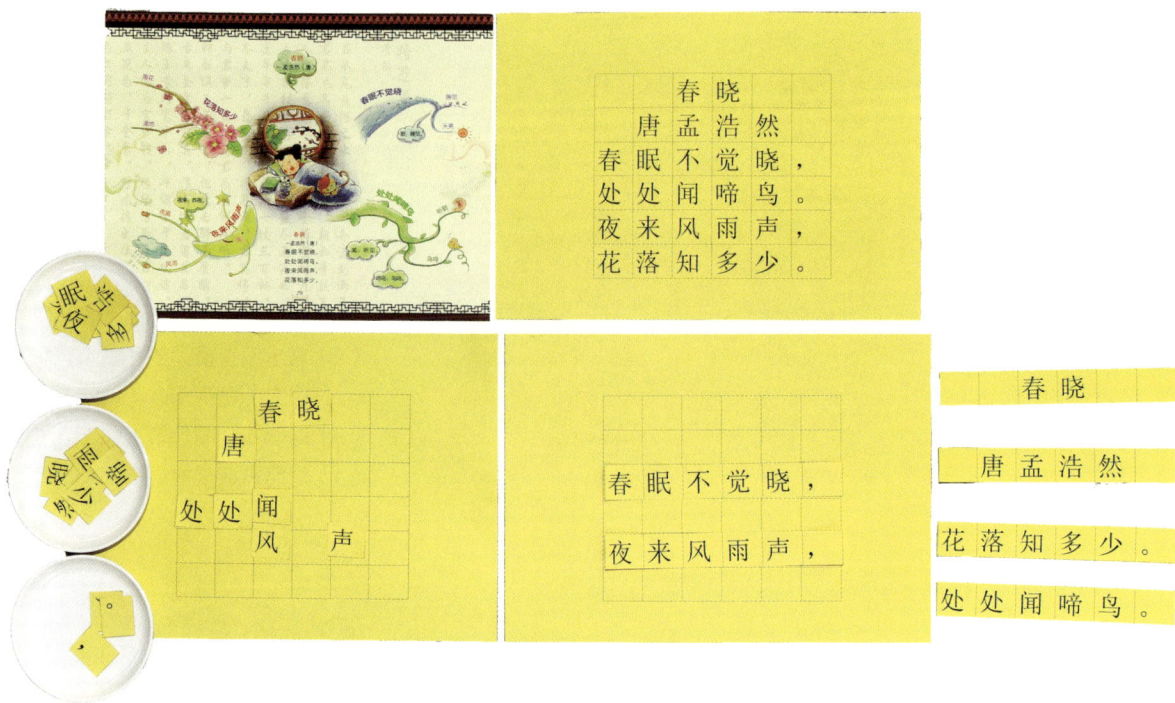

↑ 图 2-4-18

材料名称： 古诗三步卡

适合年龄： 4—6 岁

目标：

（1）能有韵律地朗读古诗。

（2）能一句一字摆出古诗。

操作方法：

（1）欣赏古诗彩图，从右往左顺时
针方向阅读每个分支。

（2）完整阅读古诗卡。

（3）对照古诗卡填上句卡。

（4）对照古诗卡填上字卡。

（5）对照古诗卡检查。

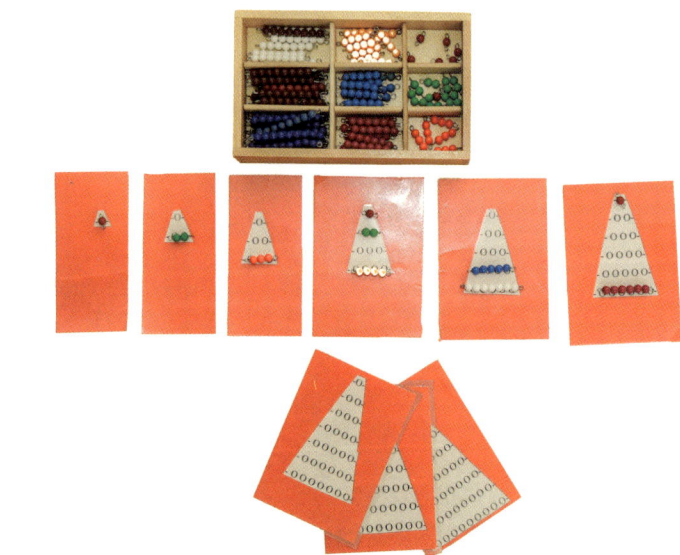

↑ 图 2-4-19

材料名称： 实物量与图卡量对应

适合年龄： 4—6 岁

目标：

（1）用视觉辨别数量的多少。

（2）根据图卡找对应的数量。

操作方法：

（1）将图卡由少至多排序。

（2）取对应的彩色串珠摆在图卡上。

（3）数一数每张图卡上彩色串珠的
数量。

1 × 1 1²
2 × 2 2² 4
3 × 3 3² 9
4 × 4 4² 16
5 × 5 5² 25
6 × 6 6² 36
7 × 7 7² 49

平方表

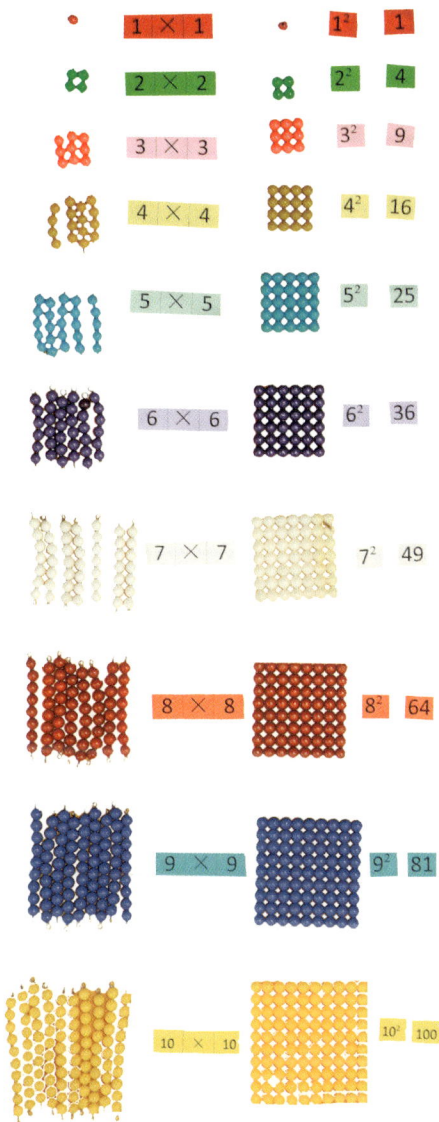

1^2	=	1	×	1	= 1
2^2	=	2	×	2	= 4
3^2	=	3	×	3	= 9
4^2	=	4	×	4	= 16
5^2	=	5	×	5	= 25
6^2	=	6	×	6	= 36
7^2	=	7	×	7	= 49
8^2	=	8	×	8	= 64
9^2	=	9	×	9	= 81
10^2	=	10	×	10	= 100

8 × 8 8² 64
9 × 9 9² 81
10 × 10 10² 100

平方表

1^2	=	1	×	1	= 1
2^2	=	2	×	2	= 4
3^2	=	3	×	3	= 9
4^2	=	4	×	4	= 16
5^2	=	5	×	5	= 25
6^2	=	6	×	6	= 36
9^2	=	9	×	9	= 81
8^2	=	8	×	8	= 64
7^2	=	7	×	7	= 49
10^2	=	10	×	10	= 100

← 图 2-4-20

材料名称：平方的认识

适合年龄：5—6 岁

目标：

（1）理解平方的意义。

（2）算出 1—10 平方的答案。

操作方法：

（1）纵向排列彩色串珠 1—10。

（2）根据彩色串珠的量，依次取同等数量的彩色串珠，如：彩色串珠 5，就取 5 串 5 个一串的彩色串珠，以此类推。

（3）配对应的数字卡，如：5 个 5 就配字卡 5×5。

（4）配对应的平方板和对应的平方数字卡。

（5）数一数每个平方卡有多少颗珠子并配对应的数字。

（6）阅读完整的平方表。

（7）根据平方表摆出每一张题卡，并阅读。

← 图 2-4-21

材料名称： 对对看

适合年龄： 3—4 岁

目标：

（1）"蒙氏"感官前预备，观察图案当中缺失的部分，找到对应的完整卡片。

（2）培养细致的观察力和专注力。

操作方法：

取一张动物的卡片，观察思考上面缺失部分的花纹，找到正确的整块图卡，重叠到动物卡后面，补全图案。

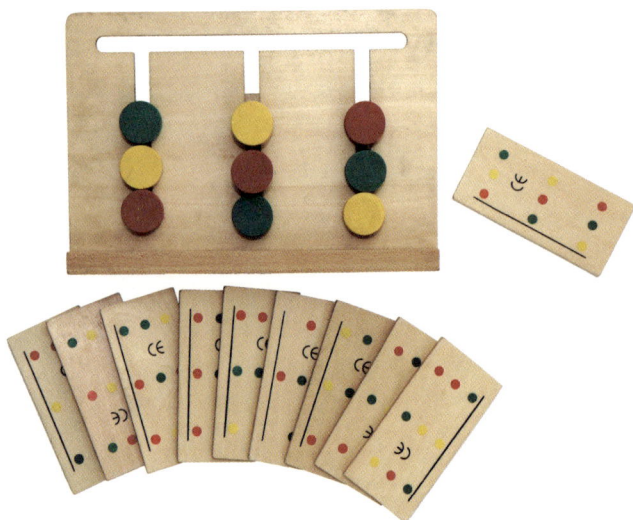

← 图 2-4-22

材料名称： 三色棋

适合年龄： 4—6 岁

目标：

（1）"蒙氏"感官前预备，对照模板移动棋子排列成图。

（2）培养细致的观察力和专注力。

操作方法：

每次取一块模板，观察模板上三个颜色棋子排列的顺序和位置，思考并移动棋子，排列成相同的情况。

← 图 2-4-23

材料名称： 数字拼图

适合年龄： 4—6 岁

目标：

（1）"蒙氏"数学前预备，熟悉数字符号。

（2）培养细致的观察力和专注力，初步认识抽象符号。

操作方法：

数字 1 是一块，数字 2 是两块，以此类推，将每个数字拼完整。

一、书香特色班级环境创设思路

书香特色环境的创设秉承"以幼儿为本"的教育理念。创设丰富多样的自由活动环境，环境为幼儿阅读、表演、情感、体验提供支持。环境设置更是与浓浓的书香氛围相铺相成，满足幼儿游戏的愿望，使幼儿真正成为活动的主人。环境中处处有书香，书香处处显特色。

书香特色环境的各个区域按不同的主题安排不同的情景阅读、戏剧表演、角色表演游戏，让幼儿在宽松的环境中促进语言和社交能力的发展。通过语言游戏让幼儿感受不同的语言、语调、语速变化所表达的情感，同时促进幼儿想象力、创造力、审美力、口语表达力、社会交往、集体意识、团队观念、品德养成等多方面的发展，形成良好的人格。同时墙面也要进行情景设置，为阅读、表演、戏剧、角色表演的情景提供背景支持，让幼儿徜徉在故事的世界。

在配置活动材料时，要考虑安全性、丰富性、游戏性和生活性，例如，在对话区配置手偶、皮影戏材料、绘本及电子阅读器、童话屋材料、表演服装、表演道具、表演剧本等。让幼儿选取感兴趣的活动材料，参与符合自己愿望的游戏活动。

书香盈满屋，芬芳沁童心！书香特色环境不仅要围绕活动空间、活动材料以及色彩搭配来创设，还要与幼儿的年龄特点、心理特点相结合，为幼儿的健康、全面、和谐发展提供保障。

二、书香特色班级整体环境设计

（一）整体布局

在创设书香特色环境时，应该同时兼顾硬环境与软环境的建设。一方面要考虑整体布局与色彩搭配的清新雅致、鲜活交互，另一方面更要凭借区域材料、墙面创设，通过图书、灯光、舞台、服装道具等元素，营造充满童趣与温馨、爱与分享、感受与表达的浓浓书香氛围，合力为幼儿打造一个"心有多大，舞台就有多大"的广阔空间，为幼儿提供一个想说、敢说、会说、喜欢说的自由语言环境，在游戏中发展并提升其语言表现力，让他们在富含感染力的语言艺术中幸福成长！

→ 图 2-5-1

这个班级以白色与蓝色为主色调，拱形的屋顶，星星点点的射灯，小舞台，从主墙"窗口"望去的"一片汪洋"……这里犹如"天之高，海之阔"的自由活动空间，给幼儿以无尽的想象与表现空间，其乐无穷。

↑ 图 2-5-2

书香活动室温馨明亮的色调营造着轻松活泼的阅读氛围，在整体布局、细节布置上也在尽显书香特色。区域设置、规则提示、区域隔断都富有童趣和生态自然美，主墙是孩子们喜欢的操作拼摆空间。

← 图 2-5-3
造型典雅、线条简洁、古朴自然、内敛庄重的中式布局尽显书香浸润的国学韵味。

↑ 图 2-5-4
明亮的教室里，主墙上的大书架似"人类进步的阶梯"，又像"海面上起伏的波浪"，"载着"多彩的图书，满溢着浓浓的书香。坐下来，打开一本喜欢的图书，静静地畅游在书籍的海洋，去启迪智慧，去收获力量。

↑ 图 2-5-5

书香阅读及戏剧表演特色班级设置了百花谷、戏水园、密林岛，每个区都为幼儿提供了自己可以扮演的角色。孩子们在一个接一个的情景中享受戏剧表演的快乐。

（二）墙饰

书香班级墙饰的设计可将墙面以 1.2 米为界划分为上下两个部分。1.2 米以上的墙面可用简单抽象、具有文化底蕴的装饰品进行装饰，要考虑与下面墙饰的协调；1.2 米以下的墙面可以根据区域设置考虑不同的色系风格及摆放材料。如：阅读区 1.2 米以上墙面可展示经典名著中的角色形象，而 1.2 米以下墙面可安装图书架或图书袋，为孩子们提供多元阅读材料；表演区 1.2 米以上墙饰可设置剧情大背景，1.2 米以下可设置方便幼儿随时更换的服装道具以及剧本和材料。这样既给人以一种视觉的美感，又可以做到华而不乱、清新淡雅、静中有动、动中有静。

← 图 2-5-6

以《弟子规》为载体，根据《弟子规》的内容展示孩子们在家的良好习惯图片，引导幼儿好习惯从小事做起。定期更换照片，做到家园同步，让传统文化与现代文明相融合。

↓ 图 2-5-7

设置亲子分享阅读长廊，离园前家长和孩子可以在此选读喜欢的图书，享受亲子共读的快乐。

↑ 图 2-5-8

每一次的活动从开始的装扮到表演的过程都是孩子最难忘的时刻，老师随时捕捉孩子们的精彩片断，展示孩子们的点滴成长。

↑ 图 2-5-9

主墙上的大书造型，会让孩子们感受到书就在他们的身边，是触手可及的，是他们熟悉的朋友。大书周围有可自由操作的图片和文字，让孩子们和墙饰充分地互动起来。

← 图 2-5-10

环境是无声的老师，睡眠室墙壁上色彩和谐、造型美观、有情节的图案可随时映入孩子的眼帘，既给孩子们美的艺术熏陶，又会激发孩子们的想象力，激发孩子们对阅读的兴趣。

←图 2-5-11

墙壁上"与阅读相约，与快乐相伴"的文字配以简约的图案，给孩子们潜移默化的影响——让孩子们爱上阅读。下面生态板上是养习墙，以《弟子规》的内容为养习教育的载体，每个月换上不同的《弟子规》内容和相应的照片，鼓励孩子们强化好行为，成为文明小达人。

←图 2-5-12

西天取经师徒四人卡通形象，个性鲜明，趣味横生，堪称经典。看着这面故事墙，幼儿能够熟练说出并表演儿歌《孙悟空打妖怪》，有效提升了幼儿艺术表现力，培养了幼儿不怕困难的精神。

（三）特色区域创设

1. 特色区域的安排

　　书香特色区域的创设是在书香课程引导下，要创设一个至少占班级总面积四分之一的相关特色区域和其他各常规区域。在各个区域里既要全面融合五大领域，还要重点体现书香课程特色，如为阅读、表演、戏剧、角色提供材料支持，并将这些材料分布到各个区域的墙面、地面、桌面及区域柜中去，呈现出全面整合、各区融合的书香区域风貌。

→ 图 2-5-13

区域名称：甜心书吧

设计意图：造型奇特的书架是连结孩子、书与世界的纽带，也是进步的阶梯。这里有丰富的绘本、多样的国学读物等，满足了孩子的阅读需求，为孩子营造了一个静谧的阅读环境，培养了孩子良好的阅读习惯。

← 图 2-5-14

区域名称：书之窗

设计意图：墙上的大书造型，让孩子们感受到书就在他们身边，就在他们的周围，是触手可及的，是他们熟悉的朋友。大书周围有能自由操作的图片和文字，孩子们可以和墙壁充分互动起来。

← 图 2-5-15

区域名称：百花谷

设计意图："百花谷"是花的世界、美的乐园。幼儿选择服饰并根据花坊中的提示一步步进行表演，锻炼幼儿阅读理解标识的能力。花坊中的提示就像一个剧本，看着它就知道表演的顺序、角色的分工。这可以培养幼儿阅读标识和文字的能力。

← 图 2-5-16

区域名称：梦幻书屋

设计意图：从墙面到地面把字画和图书完美结合，让孩子们沉浸在浓浓的书香氛围之中；小书桌和蒲团的设置，更让孩子增添了几分休闲和舒适。在这样的环境中，孩子们怎能不爱上图书、爱上阅读、享书香之美、阅图书之乐？

← 图 2-5-17

区域名称：绘本馆

设计意图：从墙饰字画到茶桌团垫，从精致绘本到玩偶表演窗，游戏化、情景化、多元化的新型"悦读"，让幼儿与最优秀的灵魂对话，渐渐地喜欢上阅读。

↑ 图 2-5-18

区域名称： 拼搭天地

设计意图： 奇特的海底世界设计与科学元素磁性以及非结构材料完美结合，视觉冲击强烈，师、幼、家长共同参与，为幼儿创造了一个富有操作性、能激发幼儿创造力的天地。在这里，幼儿可以制作小鱼、搭建城堡。

2. 特色材料的配置

通过多元阅读，从真实的生活情境中获得内心感受，并对其进行解读。材料的支持能提高幼儿的表现能力，让他们敢说、会说、爱说。

→ 图 2-5-19

材料名称： 有趣的服装

适合年龄： 3—6 岁

目标：

（1）自由选择服饰，尝试各种表演。

（2）能根据自己所选服装扮演出相应的角色。

操作方法：

（1）穿上喜欢的服装，跟随喜欢的音乐走 T 台秀，开 cosplay 派对；进行情景剧的表演。

（2）尝试装扮表演。

→ 图 2-5-20

材料名称：戏剧宣传

适合年龄：3—6 岁

目标：

（1）尝试制作戏剧宣传画和戏剧票根，并大胆与他人分享。

（2）创作各种剧本的情节，进行构图作画。

操作方法：

（1）拿起相机游走在各个表演区，记录下精彩瞬间。

（2）查阅各种电影海报的宣传画。

（3）手工制作戏剧的宣传画。

（4）戴上耳机，听着音乐，发挥想象，创意绘画。

（5）手工制作戏剧门票，并走出活动室分发，邀请小朋友来观看。

← 图 2-5-21

材料名称：百花谷

适合年龄：3—6 岁

目标：

（1）理解图示，按照图示进行操作表演。

（2）根据角色的不同进行情景表演。

操作方法：

（1）穿上服装，采集花瓣。

（2）进入养生花坊，用夹子（小班）或筷子（中大班）将花瓣分类。

（3）将分好的花瓣倒入搅拌器中，搅拌花瓣。

（4）将搅拌好的花瓣倒入锅中，拨好计时器，用心烹煮。

（5）添加作料（在滴管中），搅拌均匀，装瓶封口。

（6）将大小不同的瓶罐和滴管瓶按照一定的顺序排列。

← 图 2-5-22

材料名称：密林岛

适合年龄：3—6 岁

目标：

（1）选择角色表演戏剧。

（2）根据角色的不同分工合作。

操作方法：

（1）查看"今日推荐"，选定剧本，选择角色，
穿上相应的服装，开始表演。

（2）建构不同材质的房屋。

（3）创意戏剧部分环节，鼓励幼儿大胆想象。

（4）创意建构房屋内部，进行装饰。

← 图 2-5-23

材料名称：戏水园

适合年龄：3—6 岁

目标：

（1）创意拼搭、摆放各种材料，并尝试讲述
创意故事。

（2）根据角色的区分进行情景表演。

操作方法：

（1）戴上头饰、穿上防水服，开始表演。

（2）开荒凿河，建构河塘，饲养鱼类。

（3）在沙池里摆放材料，小班幼儿讲述摆放
的材料，中大班幼儿进行创意搭建并讲
述发生在沙池里的故事。

← 图 2-5-24

材料名称：设计工作室

适合年龄：3—6 岁

目标：

（1）幼儿按意愿将非结构材料和低结构材料
相结合，创意制作道具。

（2）配合各种角色设计创意。

操作方法：

（1）询问表演区的道具需求，尝试制作并提
供道具。

（2）制作不同类型具有创意的草帽。

（3）制作不同类型具有创意的面具。

（4）制作不同类型具有创意的项链、手链等。

← 图 2-5-25

材料名称：听一听、看一看、读一读、讲一讲

适合年龄：3—6 岁

目标：

（1）尝试运用电子产品听、看、读、讲故事、
国学等。

（2）根据故事内容进行合作表演。

操作方法：

（1）打开开关，用文曲星、音乐兔听一听故事，
用小电视看一看国学小视屏，用点读笔
读古诗，等等。

（2）与小朋友一起分享故事、动画、国学、古诗，
一起讲一讲你听到的、看到的。

（3）分组讲述，比赛哪个组讲得好。

→ 图 2-5-26

材料名称：三只小猪和美人鱼

适合年龄：3—6 岁

目标：

（1）尝试和小朋友一起创编、表演故事。

（2）自选角色创设情景进行表演。

操作方法：

（1）认识手指偶，知道每个手指偶的名称。

（2）尝试分组和小朋友一起创编故事。

（3）幼儿一起分享故事。

（4）幼儿分组表演故事。

← 图 2-5-27

材料名称：喜羊羊家的游戏车

适合年龄：3—6 岁

目标：

（1）锻炼边操作边讲述故事的能力。

（2）发展精细动作。

操作方法：

（1）将角色放在情境盘中来回摆放操作，
进行创编讲述。

（2）帮喜羊羊穿珠子。

第六节　探索型主题特色班级环境创设

一、探索型主题特色班级环境创设思路

探索型主题活动旨在让幼儿围绕一个主题，自主学习、积极参与、自由表达，从而获得自身的发展。本着开放、自主、多元的原则，在环境创设中强调环境的对话功能，善于利用周围环境，为幼儿创设一个有利于他们探索的空间。

突显主题，营造富有情趣的区域环境。教师和幼儿依据主题目标，有目的地创设与主题相关的区域环境。有效挖掘幼儿的积极性、自主性，按照自己的意愿和喜好进行个别化的自主学习。创设有特色的主题墙饰，把幼儿思考的问题尽量在环境中直观呈现出来，鼓励幼儿与区域环境互动。

让材料成为区域环境的灵魂，提供富有生活化、情趣化、低结构、高开放的材料，可以有效推动幼儿的探索活动，使幼儿能尽情、尽兴地"探究"他们的世界。

在创设探索型主题活动环境的过程中，让幼儿逐步形成乐于与人合作、与环境和谐相处的品质，激发他们的创造潜能。

二、探索型主题特色班级整体环境设计

（一）整体布局

创设主题特色环境时，可充分利用屋顶与墙面的结合，构建出激发幼儿畅想的空间氛围，同时借助多种操作材料，如大型科学器械、小实验、种植蔬菜、饲养小动物等，给予孩子们动手操作、观察辨析的操作机会，为孩子们营造出一个发现问题、探究解决各类问题的探索天地。

→ 图 2-6-1
墙上张贴介绍家乡特色食品和幼儿自制家乡特色食品流程的图片，在区域里为孩子们提供了厨师服、面粉、盆、筷子、案板以及塑料小刀和超轻粘土橡皮泥等操作材料，共同营造了一个逼真的探索美食的环境。

↑ 图 2-6-2

活动室以黄色为主调，明快、温暖。右边是科学、美工区域的划分格挡，左边为特色社会区域。充分利用空间设计成二层楼段，上层为幼儿的心情吧，下层是与上层呼应的甜点制作处和售卖处，为幼儿创设了探索实践社会活动的环境。

← 图 2-6-3

这个区域围绕"Love 小屋"创设温馨舒适的"大家庭"，幼儿在"过家家"的过程中，获取丰富的学习体验，满足探索的好奇与兴趣，去发现、解决和创造。

↑ 图 2-6-4

顶部反光的钢球与色彩各异的灯具相结合，构建出八大行星与星星环绕的氛围；白色立体的墙面激发孩子们的无尽想象；齿轮与滑轮等科技材料的配合，为孩子们营造出神奇的探索天地。

（二）墙饰

设计主题墙面时，版面可按活动环节有序地呈现，每个环节的展示要体现幼儿的参与，利用幼儿的作品、活动中的现场记录图、活动时的照片、收集的资料等作为展示内容；并可用关键问题引出下一个环节的内容，真实记录幼儿探索型主题活动的轨迹，成为幼儿参与探索型主题活动的有力见证。

← 图 2-6-5

针对时有发生的"幼儿被拐"事件开展"遇到陌生人怎么办？"的主题活动。活动中，让孩子们想象遇到陌生人的情景，共同想办法来解决问题，然后用绘画和情境表演的形式表现出来。

↓ 图 2-6-6

结合"汽车"主题，根据幼儿兴趣，生成各种活动，以幼儿绘画形式展示出活动流程。

→ 图 2-6-7
工具墙的设计，让幼儿了解多种工具的名称及使用方法，并结合材料使用工具进行各种操作活动。

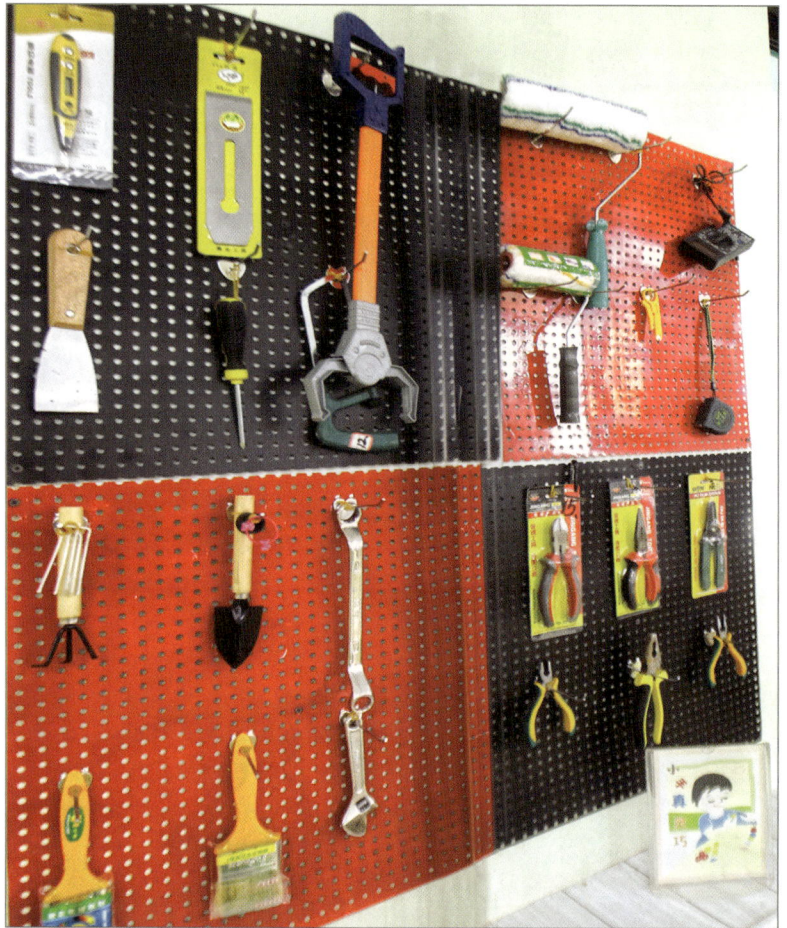

↓ 图 2-6-8
告诉幼儿在公众场所或外出时走失后的一些自救措施和方法。

↑ 图 2-6-9

玩水是幼儿最喜欢的活动。我们在幼儿的盥洗室，为他们创设了管道阀门、水杯、盆等玩水的材料，幼儿自己取水、灌水，有效感知水的流动，探索水的不同流向，他们乐此不疲。

↓ 图 2-6-10

以多肉植物创设的植物墙呼应了科学区以及种植区的区域主题，不仅潜移默化地让幼儿明确了区域的内容，还能激发幼儿探索科学的欲望。

↑ 图 2-6-11

利用墙饰呈现户外活动中孩子们对影子的兴趣，并将孩子们感兴趣的问题，如"影子是怎么产生的？""皮影是怎么做的？"，一一呈现。让孩子们与爸爸妈妈带着问题一起寻找答案、收集资料，逐渐推进主题的开展。

↑ 图 2-6-12

"皮影"文化墙展示了皮影的制作过程、皮影的表演方式。墙饰让幼儿对皮影有了间接经验的铺垫，激发幼儿在特色区域中自主制作皮影，进行表演……体验我国传统艺术的魅力。

↓ 图 2-6-13

将家长和孩子一起制作的全家福贴在主题墙上，孩子们在幼儿园可以随时看到自己的家人，让孩子们在幼儿园感受到家的亲情。

（三）特色区域创设

1. 特色区域的安排

　　主题特色区域的创设是在主题课程引导下，创设一个至少占班级总面积四分之一的相关特色区域和其他各常规区域。在各个区域里既要全面融合五大领域，还要重点体现主题课程特色，如为观察发现、操作探索、分析判断、总结梳理提供材料支持，将这些材料分布到各个区域的墙面、地面、桌面及区域柜中去，呈现出全面整合、各区融合的主题区域风貌。

← 图 2-6-14

区域名称：开心甜点屋

设计意图：充分利用空间打造上下层结构，上层的一边是楼梯，另一边是滑梯，充满了童趣！和小伙伴在楼上说说悄悄话、看书、品茶、吃甜点、聊心事，它是幼儿心情的加油站！楼上注重心情、情绪、情感、交流；楼下注重技能知识、制作、售卖、钱币计算、感恩回馈等社会交往，孩子们在特色区域愉快合作，其乐融融！

← 图 2-6-15

区域名称：乐在"棋"中

设计意图：幼儿活动室的一角创设棋类活动区，认识各类棋，初步体验各种棋的玩法，体验两人或多人对弈，感知棋类游戏的快乐，给孩子们不一样的思维体验。

→ 图 2-6-16

区域名称：海底滚珠

设计意图：活动室墙面创设"海底滚珠"，与区域材料相结合，给幼儿丰富的科学探究空间，探索球滚动速度的快与慢以及拐弯的大小和球体的光滑与粗糙等之间的关系。培养幼儿科学兴趣，提高其操作能力。

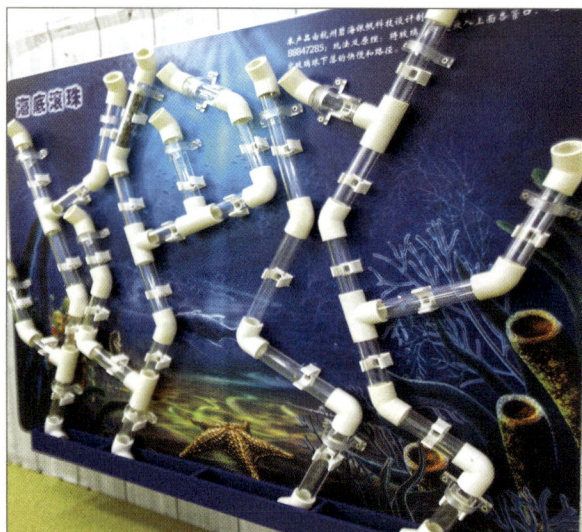

↑ 图 2-6-17

区域名称：家乡的美食

设计意图：墙饰中的美食图片与各类自制山西美食实物交相辉映，营造出浓浓的美食文化；孩子们自由分配角色，各尽其责，既可以真实地感受成功制作家乡美食的乐趣，又能让顾客进行品尝，幼儿的社会性得到了发展。

区域名称：Love 小屋

设计意图：家对于孩子们来说是一个熟悉又温暖的地方，一个如家般温馨舒适的环境，会使孩子们感到安全温暖、轻松愉悦、有归属感。Love 小屋按功能分为客厅、卧室和餐厅，各种仿真玩具和仿真食材让孩子们感受到了家的温馨，体验到了家的氛围。

↑ 图 2-6-19

区域名称：小小厨师

设计意图：以生机勃勃的种植园地作为墙饰背景，与具有现代感的弧形操作台、配备齐全的厨具融为一体，让置身其中的小厨师们得心应手地制作着各种美食，既满足了幼儿身体动作的需求，又让幼儿感受了食品艺术之美。

2. 特色材料的配置

　　材料与环境是幼儿探索活动的有力支撑，低结构、高开放的材料能有效地促进幼儿的探索活动，使他们能尽情、尽兴地探究世界。

　　探索型主题活动一：有趣的锁

　　适合年龄： 4—5 岁

　　主题由来：

　　在新学期的班级环创中，教师新投放了一些特殊的锁，没想到这些锁引发了孩子们的好奇心，大多数孩子想尝试打开这些锁。幼儿对锁产生了浓厚的兴趣，于是"有趣的锁"主题活动生成了。

← 图 2-6-20
有趣的锁 1。

→ 图 2-6-21
有趣的锁 2。

为了支持幼儿"开锁"的兴趣，教师投放了"开门"游戏材料，孩子们在游戏中尝试打开锁住的各扇门。这些型号、样式不同的锁激发了幼儿更浓厚的兴趣，同时也发现有的锁需要钥匙，有锁的不需要；还发现钥匙的齿是不同的。那么钥匙到底是怎样打开锁的呢？这个难题展现在了孩子们面前。

← 图 2-6-22
寻找与锁相应的钥匙 1。

为了让孩子们探索开锁原理，教师适时地投放新材料——透明的锁及锁芯，让他们通过自主观察发现钥匙与锁芯的直接关系，开启新一轮的探究。

↑ 图 2-6-23
寻找与锁相应的钥匙 2。

← 图 2-6-24
寻找与锁相应的钥匙 3。

　　随着主题活动的推进，幼儿开始观察生活中哪些地方需要用到锁。他们愉快地和同伴分享自己的发现：汽车方向盘锁、摩托车锁、自行车锁、抽屉挂锁、铁锁、铜锁、不锈钢锁、密码锁等五花八门的锁。教师也投放了生活中大大小小不同样式的锁，进一步激发幼儿探索的兴趣。这时孩子们不仅熟悉了锁的秘密，同时也了解了锁的作用。

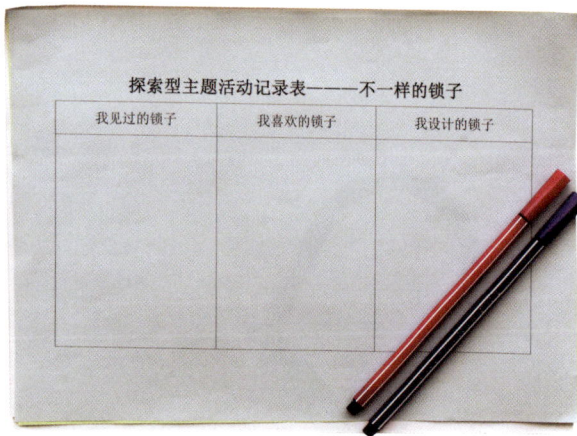

← 图 2-6-25
记录表。

探索型主题活动记录表——不一样的锁子

我见过的锁子	我喜欢的锁子	我设计的锁子

　　活动之余，孩子们尝试用绘画的形式记录下自己了解到的不同的锁、喜欢的锁，并尝试设计属于自己的独特的锁。这些记录、设计、探索恰恰让孩子们享受着自主、开放、游戏的快乐。

探索型主题活动二：小学梦

适合年龄：5—6 岁

主题由来：

户外活动中, 子诺时常拿着一个小本子, 让周围的好朋友写着什么。出于好奇我悄悄地观察着她。原来, 子诺在询问好朋友的电话号码, 并进行记录。看来, 孩子们对"毕业分别"有了初步的概念。在谈话活动中, 孩子们对自己即将离开幼儿园谈到了许多, 同时对"还有几天离园？""毕业了我们还能见面吗？"等问题产生了困惑。不仅如此, 孩子们对小学生的生活更是充满了神秘感和期待。为了让幼儿更好地做好毕业及升学准备, 我们和孩子们一起开展主题活动"小学梦"。围绕孩子们感兴趣的问题, 开展了"倒计时""同学录""神秘的小学生活"等一系列活动, 做好幼小衔接的准备工作。

↑ 图 2-6-26

教师在区角中投放可活动日历牌，供幼儿摆放，计算在幼儿园剩余的日子。

针对孩子们提出的问题，教师在区角中投放了一些相关材料，便于幼儿自己寻找答案。通过摆放日历牌，幼儿自己计算在幼儿园剩余的日子，进行离园倒计时。

← 图 2-6-28
"猜猜我的电话号码"活动材料。

孩子们提出毕业后可以相互打电话来联系，为了更好地记录好朋友的电话号码，我们设计了"猜猜我的电话号码"的材料，让幼儿根据计算题或寻找相邻数得出完整的电话号码，并最终统计在记录表中。

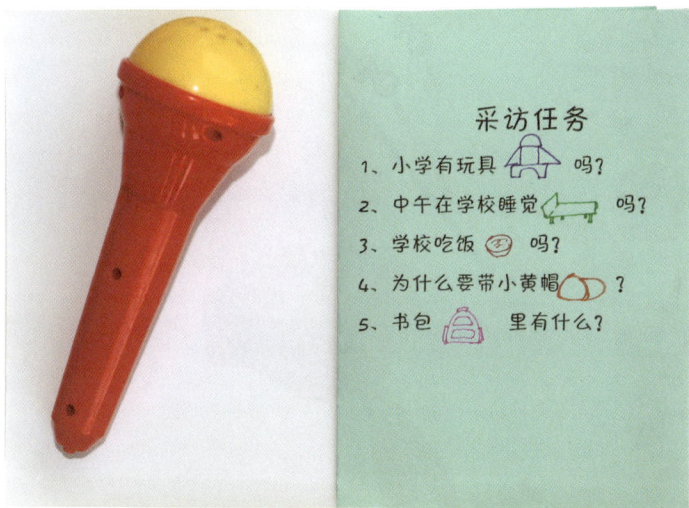

← 图 2-6-29
采访任务卡。

← 图 2-6-30
一日生活记录表。

　　面对神秘的小学生活，孩子们想到了邀请小学生讲课或采访小学生的方式来解答自己心中的困惑。于是孩子们提出了自己感兴趣的问题并制作了采访任务卡。在家长的帮助下，他们在马路上、公园里采访上小学的哥哥姐姐，再在班上把自己的答案进行分享，发现幼儿园和小学的生活有许多不同之处。为了更清楚地了解其不同，我们设计了"一日生活记录表"，通过对比来了解幼儿园和小学的生活差别。

↑ 图 2-6-31

提供书包及学习物品，让幼儿学习统计和整理。

此外，提供书包及学习物品，让幼儿学习统计和整理，培养良好的物品整理能力。

总之，整个主题活动以幼儿对"毕业"及"升学"的困惑为线索，以幼儿的兴趣点推动主题活动的开展。活动的开展需要区域材料的支持，适宜材料的投放能给予幼儿探索的机会，鼓励幼儿主动寻找答案，更好地了解升入小学的意义。

第七节 常规区域材料设计

幼儿园区域活动有着相对宽松的活动氛围、灵活多样的活动形式。它将幼儿的学习与生活融为一体，对于培养幼儿的主动性、独立性、创造性、促进幼儿身心全面和谐发展具有重要的现实意义。因此，教师要和幼儿共同创设良好的区域环境，满足他们的需要和兴趣，并提供自由活动的机会，促进幼儿的个性发展。在创设特色区角之外，还应根据五大领域的内容创设其他区域。作为幼儿发展目标的载体——区域材料，它的投放与运用是否科学、合理，直接影响到幼儿的能力与技能的获得。

区域材料 投放原则

✓ **安全性原则：** 在区域材料的制作和投放上，安全应是第一位的。要选择无毒、无味、对幼儿无伤害隐患的材料，使用前进行彻底的清洁与消毒。

✓ **目标性原则：** 区域材料是教师"有目标的学具"，需围绕幼儿的发展目标来制作和投放。要求教师必须要熟悉《指南》中各领域、各个年龄段的发展目标，制作出符合幼儿年龄特点、体现目标性的区域材料。

✓ **丰富性原则：** 幼儿要参与到区角活动中，材料就要丰富，并能吸引他们的注意力和兴趣，这样在操作的过程中幼儿才会更加积极主动地去玩。

✓ **层次性原则：** 幼儿的发展存在个体差异。要为不同发展水平的幼儿提供不同层次的材料，使材料与幼儿发展的实际水平相匹配。同时，材料的投放不能一成不变，应根据教育目标和幼儿的发展需求，定期或不定期进行调整、补充。

✓ **探究性原则：** 区域材料应能引发幼儿动手、动脑，幼儿能根据自己的兴趣爱好对客观事物进行动手操作和动脑思考。

总之，区域活动是促进幼儿身心全面和谐发展的重要途径。区域活动中材料的投放与幼儿的年龄特点、能力、经验是息息相关的，幼儿园只有选择和投放适宜的区域材料，最大程度地唤起幼儿的已有经验，才能使区域活动发挥其最大的教育功能，彰显其教育价值。

一、健康

→ 图 2-7-1

材料名称：爬爬乐

适合年龄：3—6 岁

目标：

（1）练习各种爬行技能。

（2）乐意跟着节奏活动。

操作方法：

（1）双膝着地爬行或四肢着地爬行。

（2）听音乐表演或练习拍节奏。

→ 图 2-7-2

材料名称：小推车

适合年龄：3—6 岁

目标：学习持物走、跑、跳等基本动作，愿意参加体育活动。

操作方法：

（1）幼儿拿着小推车自由地推行。

（2）幼儿沿着直线或曲线向前推或向后拉。

（3）幼儿使用小推车向前推彩色纸球。

（4）幼儿拉着小推车绕障碍物跑。

→ 图 2-7-3

材料名称：电话台

适合年龄：3—5 岁

目标：

（1）锻炼幼儿点、翻、握、抽等手部动作。

（2）练习拨打各种电话号码。

（3）熟记一些常用的重要电话。

操作方法：

（1）抽取卡片簿说出常用的电话号码，如
110、120、119 等。

（2）拨打熟悉的亲人或同伴的电话，并做
简单记录。

← 图 2-7-4

材料名称：剪指甲

适合年龄：5—6 岁

目标：乐意使用指甲刀剪指甲，知道爱护指甲的重要性。

操作方法：再现日常生活中剪指甲的情节，并将其转化为幼儿可操作的教具，锻炼幼儿小肌肉的灵活性。

← 图 2-7-5

材料名称：趣味七巧板

适合年龄：3—4 岁

目标：

（1）认识常见的基本图形、颜色和图标。

（2）练习拼、摆、搭的基本动作。

操作方法：

（1）取出任意一个图形，并说出它的颜色和形状名称。

（2）看着图标说出自己了解的相关安全常识。

（3）对积木块进行创意拼、摆、搭。

← 图 2-7-6

材料名称：大嘴鳄鱼

适用年龄：4—5 岁

目标：

（1）知道保护牙齿的重要性。

（2）按数字夹夹子。

（3）了解数与物、物与数的对应。

操作方法：

（1）夹夹乐。在鳄鱼的牙齿上夹上相应的夹子，并数数。

（2）游戏"鳄鱼来了"。老师操作，小朋友伸手，当听到"鳄鱼来了"时，快速把手收回。

（3）出示数字，让幼儿根据数字装饰鳄鱼身上的花纹。

二、语言

→ 图 2-7-7

材料名称：故事盒

适合年龄：4—5 岁

目标：

（1）尝试拼摆背景和人物，练习说短句或讲故事。

（2）能大胆表达自己的想法。

操作方法：

（1）练习说一句完整话，如：小白兔在草地上做游戏。

（2）幼儿自己选背景和小动物,练习创编故事。

→ 图 2-7-8

材料名称：童话王国

适合年龄：3—6 岁

目标：

（1）大胆表演讲述，愿意交流表达。

（2）巩固点数排序分类的练习。

操作方法：

（1）取盘中的动物卡片可以粘贴在树上或是插在泡沫板上，进行表演讲述故事，增加了游戏的趣味性。

（2）可用动物、植物、花朵的卡片进行分类排序和点数的练习。

→ 图 2-7-9

材料名称：动物王国

适合年龄：5—6 岁

目标：

（1）大胆创编故事，愿意讲给同伴听。

（2）体验伙伴之间合作游戏的快乐。

操作方法：

（1）依据故事情节将小动物摆放在草坪上，讲述故事或表演故事。

（2）任意选出几个角色，请同伴来创编故事。

← 图 2-7-10

材料名称：快乐公交车

适合年龄：3—5 岁

目标：

（1）锻炼幼儿边操作边讲述故事的能力。

（2）学习序数。

操作方法：

将角色放在"公交车"中操作，每到"一站"，位置都会变化，角色也会更换。鼓励幼儿积极进行故事创编讲述及认识序数。

← 图 2-7-11

材料名称：故事盒

适合年龄：3—4 岁

目标：

（1）了解动物的特点，在自由拼摆中讲述故事。

（2）体验讲述的乐趣。

操作方法：

（1）找到不同的食物给不同的动物喂食。

（2）自由挪动小动物的位置，学说短句或讲述故事。

← 图 2-7-12

材料名称：趣味魔方

适合年龄：3—5 岁

目标：

（1）旋转魔方，根据不同的情节讲述故事。

（2）锻炼幼儿手部精细动作。

操作方法：

（1）给小朋友穿衣服，练习系扣子、系纽扣等;

（2）看图片，对照自己的作息习惯进行情境讲述。

三、社会

→ 图 2-7-13

材料名称：娃娃家（客厅）

适合年龄：3—4 岁

目标：

（1）学会接待客人，能使用礼貌用语。

（2）尝试插花，提高审美能力和动手能力。

操作方法：

（1）给客人倒水、分水果，招待客人。

（2）把各种颜色的花进行搭配，插入花瓶。

→ 图 2-7-14

材料名称：娃娃家（卧室）

适合年龄：3—4 岁

目标：

（1）学习穿脱衣服、梳洗、整理床铺，提高
　　动手能力。

（2）体验照顾孩子的辛苦与乐趣，感受妈妈
　　对自己的爱。

操作方法：

（1）整理、打扫卧室，材料归位。

（2）为娃娃换衣服、喂食。

（3）给娃娃洗脸、吹头发、梳头。

→ 图 2-7-15

材料名称：娃娃家（厨房）

适合年龄：3—4 岁

目标：

（1）学习切、搓、团、翻炒等动作，锻炼手
　　部精细动作。

（2）体验动手操作的乐趣。

操作方法：

（1）在小厨房清洗食材。

（2）在小厨房动手制作。

（3）将食物装盘，端给客人分享。

← 图 2-7-16
材料名称：娃娃家（食材一）
适合年龄：3—4 岁

← 图 2-7-17
材料名称：娃娃家（食材二）
适合年龄：3—4 岁

← 图 2-7-18
材料名称：娃娃家（食材三）
适合年龄：3—4 岁
目标：
（1）学习切、穿、夹、包的技能，锻炼
　　　手部小肌肉。
（2）体验动手操作的乐趣。
操作方法：
（1）使用小刀切开各种食材。
（2）用竹签将食材穿起来。
（3）能熟练使用夹子将食材夹入盘中。
（4）把馅儿放入面皮中，上下对折，粘
　　　好魔术贴或抽拉线绳，做成饺子或
　　　包子。

→ 图 2-7-19

材料名称：城市广场

适合年龄：3—6 岁

目标：

（1）尝试分角色表演热闹的广场生活。

（2）体验合作游戏的快乐。

操作方法：

迁移生活经验，用各种积木、非结构材料拼搭不同的建筑物，自主创设游戏情境。

→ 图 2-7-20

材料名称：停车场

适合年龄：3—6 岁

目标：

（1）认识各种汽车及其功能。

（2）乐意扮演不同的汽车司机并执行自己的任务。

操作方法：

（1）幼儿选择自己喜欢的汽车当小司机，模仿生活中各种车辆及各种职业的活动特性。如工程车运送积木、救护车治病救人等。

（2）游戏后，幼儿需将汽车停放在停车场，以便收放玩具。

→ 图 2-7-21

材料名称：交通安全标志

适合年龄：3—6 岁

目标：

认识安全标志，遵守交通规则。

操作方法：

在游戏中模拟生活中真实的交通路况，知道交通标志牌所起到的指示作用。参与游戏的幼儿需要按交通标志活动。

← 图 2-7-22

材料名称：交通地毯

适合年龄：3—6 岁

目标：认识交通路线。

操作方法：幼儿操作汽车，并按照路线或标识正确行驶。

→ 图 2-7-23

材料名称：特殊制服

适合年龄：3—6 岁

目标：

（1）了解交通警察、消防员等的工作内容。

（2）乐意扮演不同的角色，行使自己的职责。

操作方法：

幼儿穿着不同的制服，在适当的游戏情境中表演，如指挥交通、救火等。

→ 图 2-7-24

材料名称：非结构材料

适合年龄：3—6 岁

目标：

（1）尝试一物多玩、以物代物，利用废旧材料自主搭建游戏场景。

（2）发挥想象力及创造力。

操作方法：

幼儿根据游戏需要，利用不同材质的非结构材料进行创意拼搭。

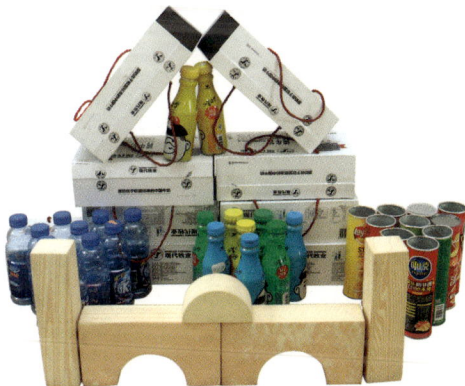

四、科学

→ 图 2-7-25
材料名称：数数盒子
适合年龄：4—6 岁
目标：

（1）熟悉 50 以内的单双数，并能够掌握 2 个 2 个数、5 个 5 个数、10 个 10 个数等多种数数方法。

（2）体验数数的乐趣。

操作方法：

（1）转动盒子，从不同的角度熟悉 50 以内的单双数。

（2）练习 2 个 2 个数、5 个 5 个数，10 个 10 个数。

↑ 图 2-7-26
材料名称：美特好超市
适合年龄：3—6 岁
目标：

（1）分类练习。

（2）学习加法运算。

操作方法：

（1）分类找不同（如：区分蔬菜、水果、面食）。

（2）找对应，看标价购买食品（如：1 元买 1 个，2 元买 2 个，3 元买 3 个），并取走盘中的一张相应数字的钱币。

（3）结账时学习加法运算，如：2 元的蛋糕和 3 元的包子一共多少钱?

← 图 2-7-27

材料名称：凉席变变变

适合年龄：4—6 岁

目标：

根据凉席竹块的颜色创意排序，感知排序的规律。

操作方法：

选择颜色块，在凉席上有规律地想象、创意排序。

← 图 2-7-28

材料名称：棒棒糖乐园

适合年龄：3—5 岁

目标：

（1）学习数物对应。

（2）练习使用小勺。

（3）按颜色分类。

操作方法：

（1）任取一个棒棒糖，看上面的数字，用小勺舀相应数量的珠子放在糖果槽中。

（2）将与糖果槽颜色匹配的珠子分类舀放，并边舀边数。

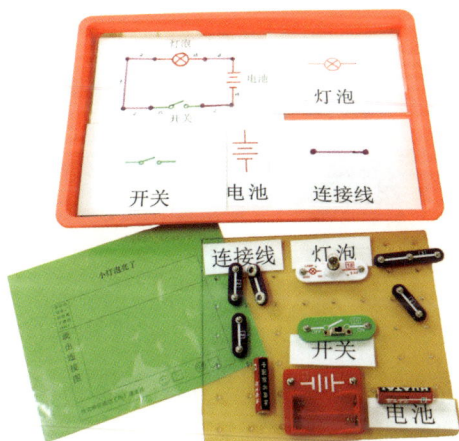

← 图 2-7-29

材料名称：小灯泡亮了

适合年龄：5—6 岁

目标：

（1）尝试看图进行电路拼装，了解简单的电路原理。

（2）体验成功的喜悦。

操作方法：

（1）认识电路符号。

（2）将操作材料与电路符号对应。

（3）对照连接图，将操作材料在操作板上进行连接。

（4）画出连接图。

→ 图 2-7-30

材料名称： 沙漏

适合年龄： 5—6 岁

目标：

感知时间的长短，探索沙漏漏沙的速度与漏洞大小的关系。

操作方法：

将沙漏如图放好，然后再旋转 180 度，观察沙漏。

→ 图 2-7-31

材料名称： 垒高

适合年龄： 4—5 岁

目标：

（1）感知三角形的稳定性。

（2）进行有序排列。

操作方法：

（1）用瓶盖或者乒乓球找到三角形的支点，使其保持平衡。

（2）按照三角形的大小进行有序排列。

→ 图 2-7-32

教具名称： 圆盘转转转

适合年龄： 4—6 岁

目标：

（1）感知颜色与数字的对应。

（2）辨别东、南、西、北、东北、东南、西北、西南等方向。

操作方法：

将有数字的转盘指针指向任意一个数字，然后将有颜色的转盘调整好方向，说出某色是北，某色是南，某色是西，某色是东；将指针指向与数字一样的方向，说出某色是什么方向。

← 图 2-7-33
材料名称：太阳能水车

适合年龄：4—5 岁

目标：

观察太阳能产生动力的现象。

操作方法：

在红色杯子里倒入半杯水，将水车放在太阳光下面，水会顺着管道流到白色水瓶里。

五、艺术

→ 图 2-7-34
材料名称：绕线小鱼

适合年龄：3—4 岁

目标：

（1）练习缠绕线的技能。

（2）发展小肌肉，培养手眼协调性。

操作方法：

选择喜欢的鱼和线，一手将鱼握在手上，另一只手取出毛线，在鱼的身体两侧按直线、斜线或交叉线有序地绕线。

→ 图 2-7-35

材料名称：自然原木片

适合年龄：3—6 岁

目标：

（1）尝试运用色彩进行装饰，创意不同的
物品。

（2）根据树的年轮推测树的年龄。

操作方法：

（1）幼儿利用丙烯颜料创作木片作品。

（2）幼儿结合不同材料创作工艺品。

（3）幼儿利用树的年轮纹理进行科学探究
活动。

→ 图 2-7-36

材料名称：滚画

适合年龄：3—6 岁

目标：

（1）能掌握好颜料进行滚画。

（2）根据不同图案进行创意组合。

操作方法：

（1）用滚筒在颜料盘里适当蘸取颜色，在
纸上均匀滚动。

（2）用排笔在滚筒上涂色，在纸上均匀滚
动。

→ 图 2-7-37

材料名称：有趣的电子琴

适合年龄：3—6 岁

目标：

（1）认识电子琴，探索琴音的变化。

（2）喜欢演奏，体验弹奏的乐趣。

操作方法：

（1）认识琴键和各种按钮，学习玩具电子
琴基本的操作方法。

（2）尝试演奏，感知声音变化的乐趣。

（3）尝试与同伴合作表演，感受表演的快
乐。

← 图 2-7-38

材料名称：小鼓手

适合年龄：3—6 岁

目标：

（1）认识腰鼓、小鼓、玩具架子鼓等鼓类乐器，学习基本的演奏方法。

（2）喜欢敲鼓，感受鼓乐演奏的快乐。

操作方法：

（1）认识各种鼓乐器，学习其基本的演奏方法。

（2）自主探索鼓的演奏方法。

（3）尝试用各种鼓为伙伴表演，为熟悉的音乐配器演奏。

↑ 图 2-7-39

材料名称：敲敲打打

适合年龄：3—6 岁

目标：

（1）感知音的不同。

（2）练习节拍。

操作方法：

（1）自由敲击，感受由于物体大小、粗细、高低不同，发出的音也会不同。

（2）听音敲击节拍。

（3）创编节奏。

灵感间

第三章

园所各功能区标志

在幼儿园里，各种的标志随处可见。虽是一块简单标志牌，却也体现了设计者的理念，用独具匠心的文字与图案，指引、启示着每一位朋友，或简约、或精致、或活泼、或清新……，是园所中一道别致的风景。

幼儿园内的标志根据所处区域和功能的不同，可分为活动室区角标志、公共区域标志两类，每一类标志的功能、意义、特点、形式都会在本章中以照片加文字的形式说明介绍。

　　活动室区角标志是对活动区分割的说明，可以由此看到每个班级的区域分布情况，幼儿会根据标志主动进区开展活动，使活动自主、有序。作为本章的一个重要篇幅，我们选取了几十个班级具有代表性的标志进行展示。各班教师结合本班课程特色及设计风格在材质、大小、形状、悬挂高度、呈现角度等方面都潜心琢磨，促进班级环创立体化、丰富化，力求体现园所"班班有特色、处处有新意"的设计理念，接下来将分五个类型详细说明。

一、卡通炫彩类

　　以卡通图案为主体，采用厚重、有层次的材质，在较高的位置大块幅呈现，表现班级整体思路和特色。

← 图 3-1-1
大块主题标志悬挂于拱门正上方，内外结合围绕宇宙星空图案，在幼儿小小的心灵中埋下一颗探索浩瀚宇宙的种子。

← 图 3-1-2

彩色的卡通大字让活动室主题一目了然，标志下是各个模拟生活场景的小区角，俨然是一座小城。

↓ 图 3-1-3

非结构游戏主题乐园，丰富的材料帮助幼儿构建无限创意。

← 图 3-1-4

大型木质标志悬于活动室正上方，"感觉统合"班级特色一目了然。

二、民族复古类

采用当地民俗元素，选用材质尽量原生态、自然化，颜色温和，垂吊高度居中，横竖组合，呈现一种晋韵风味。

↑ 图 3-1-5
窗棂、折扇、葫芦，就地取材，装点晋韵小院、雅致人家。

← 图 3-1-6
布帘做幌子，木牌挂食谱，这里是有家乡味道的小吃店。

↑ 图 3-1-7
原木上刻字，原木做隔梁，搭配绿叶壁纸、绿植、树枝，自然风扑面而来。

↑ 图 3-1-8
儿童是生来的艺术家，因为他们是最接近天性的人，小木牌低低挂在树叶间，低调、自然。

三、木质吊牌类

原木的材质和色泽简洁大方，没有额外装饰，悬挂在活动区的正上方或侧面离视线略高位置，虽夺人视线但不喧宾夺主，让空间区域更立体。

→ 图 3-1-9
精巧别致的标志牌，侧面悬挂，让空间更加立体、灵动。

→ 图 3-1-10
原木色与大背景中的深木色相组合，既和谐又能突显重点。

→ 图 3-1-11
木质的古朴与金属的亮丽相结合，带给幼儿有质感的颜色。

↑ 图 3-1-12
废旧物品与木屑牌标志组合的悬吊装饰，尽显创意。创意来自生活，创意点亮生活。

← 图 3-1-13
屋檐下静静的书院木牌，是景，是诗，是文化，让阅读区独成一景。

四、奇巧独特类

孩子的天地本就是不拘一格的，此类标志无法单一归类，但跳脱常规的呈现方式，让人眼前一亮，设计天马行空，摆放别出心裁。

↑ 图 3-1-14

透明悬挂隔出区角，虽然是小角落，也有了静谧的感觉。

← 图 3-1-15

朦胧的半封闭空间，温暖的阳光透过地中海的蓝，给人温馨又独立之感。

↑ 图 3-1-15
卡纸边框缠绕绿蔓，营造奇幻的皮影空间，令幼儿流连忘返。

↑ 图 3-1-16
不规则、不对称也是一种美，期待每个孩子灵光一现的瞬间。

五、区域规则类

区域规则是不说话的老师，也是迎接你的朋友，亲切地请你进入活动区，用孩子能看懂的"书面"语言引导其有秩序地愉快游戏，养习、启智，此处无声胜有声。

← 图 3-1-17
隔断标志与规则融为一体，"小书童"是阅读区的小主人，听听他的要求吧。

↓ 图 3-1-18
图文并茂把规则"画"出来，小宝宝也能看懂。

公共区域标志仿佛是园所里的小导游，指示、提醒、说明、介绍，让每一名走进幼儿园的朋友可以尽快了解园所空间的分布情况。这部分的标志展示的是总园和各个分园的不同类型设计，希望尽可能地全面呈现各自的特色和风格。

公共区域标志分三类介绍，分别是：指引、指示类，介绍、说明类，提醒、警示类。

一、指引、指示类

此类标志是园所的方位介绍，说明了各班级、公共活动区以及行政科室的位置，标志简单醒目，摆放在明显的位置，便捷、有效。

↓ 图 3-2-1
亮丽的颜色跃动着勃勃生机，各处方位一目了然。

→ 图 3-2-2

爱心早教，甜蜜港湾，欢迎小小宝
贝们的到来。

→ 图 3-2-3

铁艺与木质结合，给人以轻爽淡雅
之感。

← 图 3-2-4
生机盎然的卡通小精灵，带你走进每一个空间。

二、介绍、说明类

这一类标志是对某方面内容的说明，例如行业行为规范、功能室说明、教师简介等，根据内容和场地的要求，大小、形状随机变化，一般摆放在相应场所的外墙。

← 图 3-2-5
彩色亚克力上的文字解读每个活动室的特色所在，园本课程彰显办园理念。

← 图 3-2-6

教师工作规程公开展示在活动室外墙，表现幼儿园领导做正规事、办文明园的意识。

→ 图 3-2-7

家长行为规范展示在来往通道，潜移默化做宣传。

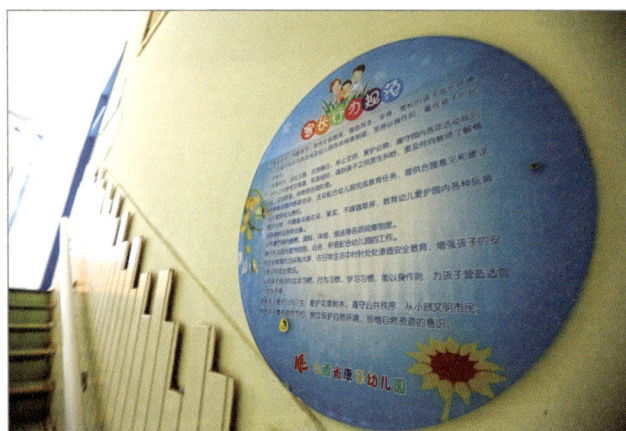

→ 图 3-2-8

班级成员介绍简明、清晰，意味着：信任源于专业，了解才会理解。

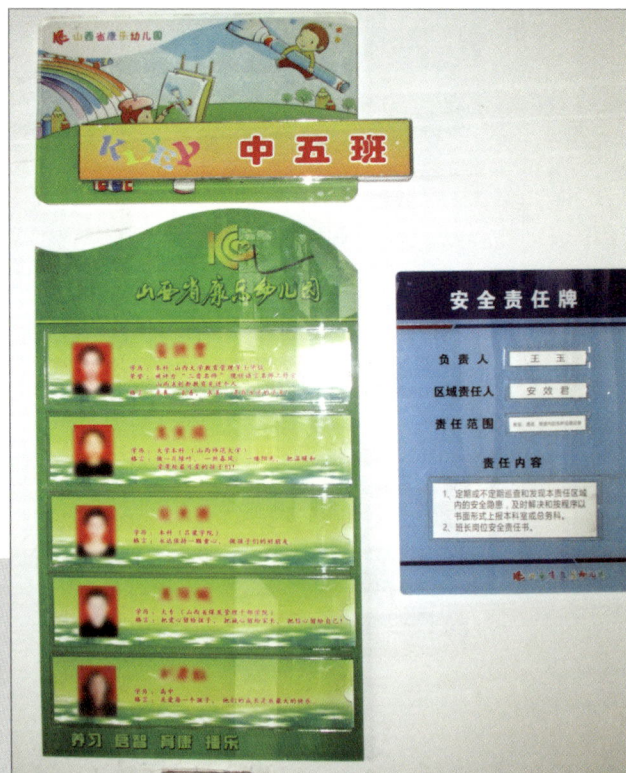

三、提醒、警示类

这类标志是包括安全标志、温馨提示，提醒大家注意安全、遵守公共场所秩序等。

← 图 3-2-9
色调符合整体环境，不但醒目，也是一处小景致。

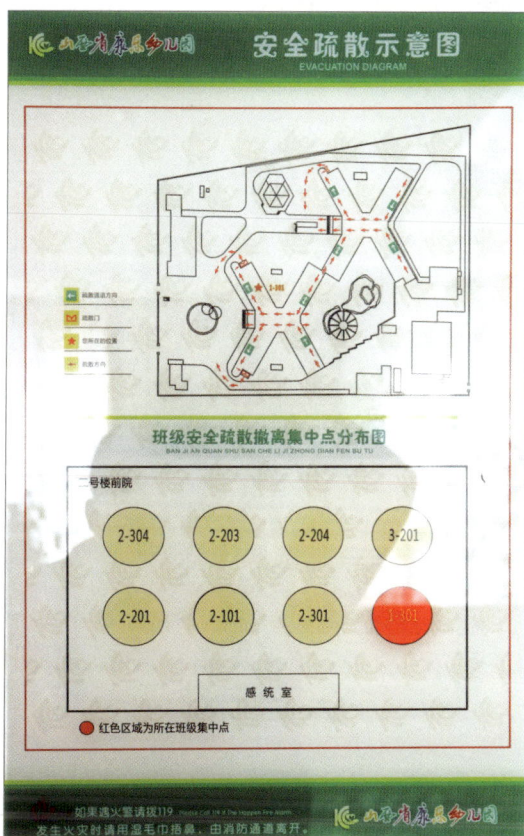

← 图 3-2-10
安全标志统一色调，清晰、醒目，小朋友也能看懂。

第四章

幼儿园节庆环境布置

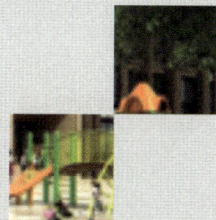

"千门万户曈曈日，总把新桃换旧符。"每到重大节日，幼儿园都是一片欢乐的海洋，到处洋溢着欢乐的笑脸，环境也赋予了幼儿园节日的气氛。园所、班级、室内、户外，心灵手巧的康乐人让我们的幼儿园也披上了节日的盛装，向大家展示不同的主题……

　　六一儿童节和新年是幼儿园的重点节日，是园所文化和凝聚力的集中体现，每一次都会有全园统一的主题和详尽、隆重的庆祝方案，教师、幼儿、家长人人上场，全园参与，本章将重点介绍六一儿童节及新年的室内外环境创设。

六一儿童节主题活动有：幼儿淘宝市场（比如世界、宝贝当家）、冷餐分享会（我实践、我快乐）。

一、幼儿淘宝市场（比如世界、宝贝当家）

← 图 4-1-1
班级以"和谐快车"场景布置市场，欢迎游客边买边逛。

↓ 图 4-1-2
大卖场里散落小摊位，买卖双方开心交易。

← 图 4-1-3
你有固定摊位，我有游商小贩，招揽顾客，各显奇招。

↑ 图 4-1-4
统一服装、统一标志，我们是一个"公司"哦。

二、冷餐分享会（我实践、我快乐）

孩子们静待美食活动的开始。

↑ 图 4-1-6
孩子们是儿童节的小主人，邀请您
来看表演、享美食。

↑ 图 4-1-7
孩子们在体验动手制作点心的乐趣。

↑ 图 4-1-8
山西的孩子爱吃面、会玩面，我们
都是面食小能手。

新年的主题活动有：国学才艺展示、亲子表演秀、亲子游园会，不同主题逐年轮换。

一、室外新年环境

→ 图 4-2-1
羊年来到，萌萌的羊宝宝和甜蜜蜜的波板糖一起欢迎你！

→ 图 4-2-2
锣鼓和红灯笼渲染了红彤彤的年，一片喜庆。

↑ 图 4-2-3

亲子游园会，家长和小朋友一起猜灯谜。

二、楼道及室内新年环境

← 图 4-2-4

锣鼓声中辞旧岁，鞭炮齐鸣贺新春，自制鞭炮装点走廊。

→ 图 4-2-5
学国学、迎新春，小世界，大舞台。

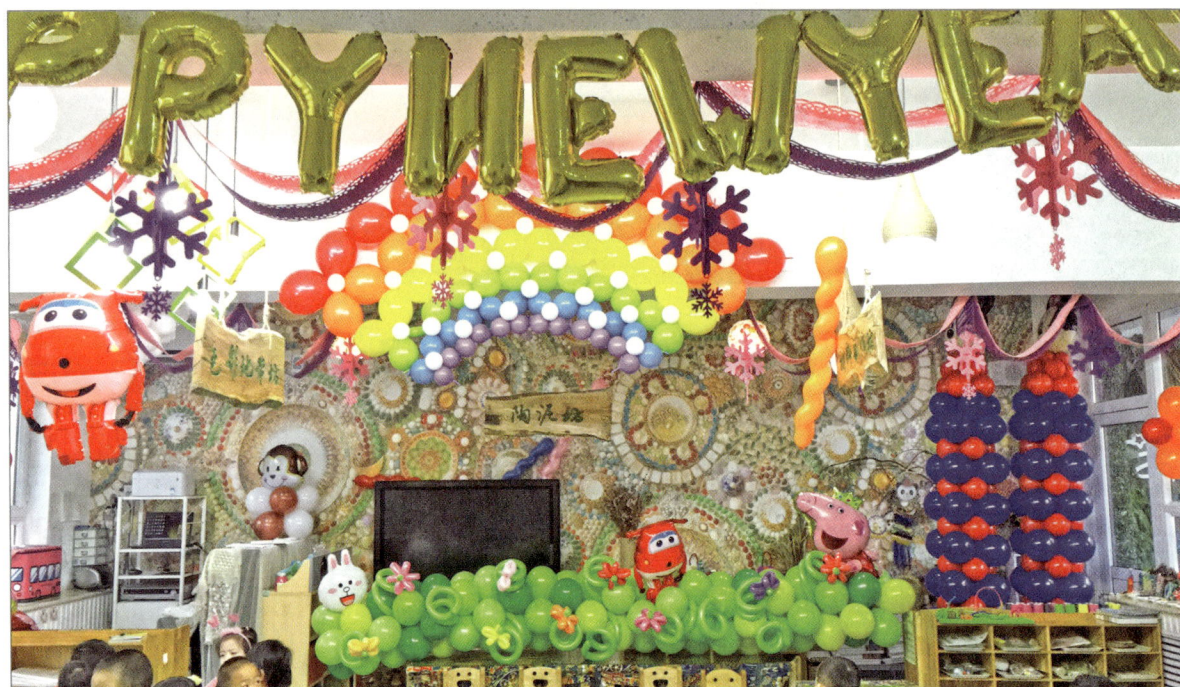

↑ 图 4-2-6
气球营造梦幻世界，新年的快乐浮
在朵朵"彩云"中。

红彤彤的灯笼挂起来，大小一致的红灯笼串是国学才艺展示的舞台背景。

↑ 图 4-2-8

纱幔、气球、花瓣的组合，简单有意境，大朋友和小朋友共同表演。

→ 图 4-2-9

童话背景的舞台让宝贝迅速走入情境中，亲子表演开始了。

↑ 图 4-2-10

棉花挂在了半空中，就成了云朵，
每个宝宝都是小明星！

后 记

　　山西省康乐幼儿园与共和国同成长、共发展，1949年建园迄今已近七十个春秋。悠久的办园历史，丰厚的人文积淀，为康乐的持续发展奠定了坚实基础。作为省教育厅直属园，我园以"养习启智、育康播乐"为办园理念、以"引领三晋潮流、实现共同发展"为办园目标，把不断创新教育理念、引领三晋潮流作为责无旁贷的使命，近年来取得系列创新成果，得到同行、社会和家长的广泛赞誉。

　　从园本走向班本，从班本走向生本，努力创建更贴近孩子的教育，是我园坚持不懈的追求，班班有特色的班本环境创设正是这一追求下探索创新的结晶。珍视、尊重、激发每一位教师的创造热情、创新智慧是康乐领导团队的工作作风；把环创权力还给班级，鼓励、支持每个班级打造富有自己独特风貌的班级环境是康乐领导团队简政放权的创新举措。信任与尊重，使千篇一律的班级环创模式得以突破；几个轮回的反复打磨，康乐斑斓多姿、各具特色的班本化环创风采得以呈现。

　　回顾环境创设的经历，对于"环境美感与特色课程元素的力量""不同高度和视角的利用""吸引幼儿参与环境创设"及"实现全园共享"等问题的思考与探索是保证班本特色环境创设质量的重要基础。"和羹之美，在于合异"，《幼儿园环境创设》一书的诞生承载着康乐人对"环境育人、兼容并蓄"教育理念的阐释。

　　借本书的编写，通过翻检数年来积累的资料，对曾经的工作得以审视、梳理，总结，同时也发现了一些不足和有待提升的空间。这是一个享受的过程，让我们触摸、欣赏、品味康乐，从而更多地感受到康乐幼儿园风景之美、辛勤之美、智慧之美、和谐之美，对她的爱也愈加深厚。这是一个感恩的过程，感恩曾经指导、帮助过我们的各位领导、各界力量，感恩我们拥有一支团结奋进、积极创新的教师团队。她们是：王晓虹、郑磊、常秀萍、田乃欣、王新、范忠琳、高履珍、郭少萍、刘彩霞、宋翻萍、赵迎新、康红菊、阎晓红、荣普、王雪萍、张莉、郭月平、刘巍蓉、王红玲、冯兢彬、安多、葛文韬、黄丽华、张俊丽、张婷霞、张亚琴、孙丽、张艳、张艳平、武文婷、岳文颖、王晓丽、魏欣、李丽珍、任佳琦、马瑞红、刘姝、王文琨、权静雯、邢艳芳、张毅、张晓敏、智慧、常晨、柴金、陈曦、李亚楠、尚沁辛、田雨丰、寇文茜、冯新草、肖媛元、刘茜、陈卓琳、高媛、张雨婷。她们为此书的出版均奉献了自己的心血和智慧。

　　当然，这只是山西省康乐幼儿园环创探索的一个阶段性成果展示，还有一些美中不足仍需我们努力，还有更多的园本特色需要我们挖掘、提升，康乐改革创新、奋发有为的脚步永不停歇！衷心希望每一位阅读者给予反馈与指正，大家的关注与鼓励是我们奋进的动力，"各美其美，美人之美，美美与共"，在学前教育事业的道路上，我们同行共勉！

郭晚盛

二〇一九年四月

图书在版编目(CIP)数据

幼儿园环境创设/郭晚盛,郭海燕主编.—上海:复旦大学出版社,2019.5(2022.10重印)
ISBN 978-7-309-14215-0

Ⅰ.①幼… Ⅱ.①郭…②郭… Ⅲ.①幼儿园-环境设计 Ⅳ.①G617

中国版本图书馆 CIP 数据核字(2019)第 041521 号

幼儿园环境创设
郭晚盛 郭海燕 主编
责任编辑/谢少卿
版式设计/卢晓红

复旦大学出版社有限公司出版发行
上海市国权路 579 号 邮编:200433
网址:fupnet@ fudanpress.com http://www.fudanpress.com
门市零售:86-21-65102580 团体订购:86-21-65104505
出版部电话:86-21-65642845
上海丽佳制版印刷有限公司

开本 890×1240 1/16 印张 11.25 字数 272 千
2019 年 5 月第 1 版
2022 年 10 月第 1 版第 3 次印刷

ISBN 978-7-309-14215-0/G·1955
定价:55.00 元